ウクライナ

藤 和彦
Fuji Kazuhiko

危機後の

地政学

集英社

はじめに

ウクライナ危機は日本人が思っている以上に歴史の転換点である。

二〇二三年五月現在、ロシアとウクライナの間で停戦交渉が開始される兆しはなく、「終わりのない戦いが続く」との暗い見通しが支配的となっている。

軍事力に劣るウクライナは西側諸国からの軍事支援を受けて善戦してきたが、徐々に劣勢になっており、生き残りを図るために「世界中をロシアとの戦いに巻き込む」戦略を取らざるを得なくなっている。

だが、この状況は極めて危ういと言わざるを得ない。ウクライナ戦争が核兵器の使用を伴う第三次世界大戦につながるリスクになりつつあるからだ。

二〇二二年二月にロシアがウクライナに軍事侵攻すると、虚を突かれた西側諸国は「すべての責任はプーチンにある」「プーチンはヒトラーの再来だ」と極めてヒステリックな反応を示した。この傾向は日本でも同様だが、「ロシアという国の危険性」や「ロシアのプーチン大統領という人物の異常性」のみに目を向けるのであれば、国際情勢を見誤ってしまうのではないかと筆者は考えている。

ウクライナは日本人にとってなじみが薄い国だったが、今や日本人の大多数がウクライナに肩入れし、ロシアを敵視するようになっている。

ロシアが戦場での勝利にひたすらこだわったのに対し、西側諸国とウクライナは世界のネットワークを駆使して情報戦を大々的に展開したことが功を奏した形だ。ウクライナを支援する、いわゆる「戦争PR企業」は一五〇に上ると言われている（二〇二二年六月二五日付《ニューズウィーク日本版》）。

今回の戦争では、米国の戦争研究所が発信する情報が日本をはじめ世界のメディアで広く使われているが、この研究所は著名なネオコン（新保守主義。自由や民主主義を重視してアメリカの実益よりも理想を優先し、武力行使も辞さない思想）のケーガン一族が運営している。提供される情報の信憑《しんぴょう》性に疑問符が付くと言わざるを得ないが、メディアに登場するコメンテーターはこれらを事実と受け止め、戦況を得意げに解説している。実質的な交戦国である西側諸国のプロパガンダに染まっている状況に危機感を覚えざるを得ない。

日本の国際政治の専門家の論調は「ロシア悪者論」一色だ。

プーチン大統領の戦争遂行に責任があることは否定しないが、「米国をはじめとする西側諸国の対東欧政策が今回の戦争を招いた」と主張する国際政治の専門家がいる。

彼らは国際政治学の伝統的な考え方であるリアリズムに立脚している。

国際社会の実態はアナーキー（無政府状態）であり、国家の上に位置する権力は存在しない。無秩序な国際社会において、大国は地域の中で一番強い覇権国を志向し、自国の覇権地域に他の大国の勢力が及んでくることを防ごうとする。各国が脅し合った結果、均衡状態が生まれた時が平和だと考える。いわゆる「バランス・オブ・パワー（勢力均衡）」という概念だ。

「ソ連封じ込め」の政策を提唱したことで知られるジョージ・ケナンは、一九九九年に始まった北大西洋条約機構（NATO）の東方拡大に反対だった。ロシアは常に周囲から圧迫されていると感じ、そのことに反発する国だ。かつて独立国だったバルト三国などはともかく、ロシアが「中核的部分だ」と考えているウクライナが独立し、反ロシアになったら、ロシアの強い反発を招いて危険だという予測だった。

ロシアは安全保障に敏感な国だ。四方から包囲されているという被害者意識が強い。現在のロシアは、バルト海と東欧平原、さらには黒海方面においてNATOと対峙《たいじ》している。ロシアの伝統的な地政空間のすべてでNATOが主要なアクターとなっている。これがロシアがNATO拡大に神経をとがらせる理由だ。

NATOは「オープン・ドア・ポリシー」を主張しているが、ロシアは「他国の安全を犠牲にして自国の安全を強化してはならない」と反論してきた。ロシアのこの主張は欧州安全保障協力機構（OSCE）の憲章にも明記されており、けっして法外なものではない。

各国には安全保障上の利益があり、その中には国家の存亡に関わるものがある。それが

「レッドライン」というものだ。

「攻撃的現実主義」を提唱しているシカゴ大学政治学部のジョン・ミアシャイマー教授も、二〇二二年三月四日にYouTubeで公開した動画で「ウクライナ戦争の主な原因は西側諸国、とりわけ米国にある」と主張している。

国家、とりわけ大国というものは、互いに「恐怖」を感じており、自分たちの生存が脅《おびや》かされるほどの恐怖を感じた時、大きなリスクを背負って大胆な行動に出る。今回、ロシアが抱いていた「恐怖」はかなり高いレベルにあったと考えるミアシャイマー氏は「米国もロシアと同じような行動原理を持っている」と指摘する。

だが、米国は「存亡の危機だ」というロシアの訴えを無視した。

冷戦期の米国は、最大の敵であるソ連を突き動かしている行動原理は安全保障上の懸念や不安であることを理解していたが、現在の米国はロシア側の事情をまったく顧みることがないように思える。

米国にとって冷戦は過ぎ去った遺物であって、最後に勝ち残った超大国の米国の理念こそが唯一信じるべきものだと考えるようになっている。米国は冷戦の「敗者」であるソ連、すなわちロシアを過去の存在とみなしているからだ。

冷戦終結後、「民主主義にあらずんば国にあらず」との考えが広がった。「デモクラシーによって成り立つ平和な世界を脅かす存在は許さない」として、唯一の超大国となった米国は、世界の警察官のように各地に介入できるようになったが、介入すべきかどうかの判断は米国の価値観にのみ基づいていた。

そうした中で米国は「自らの政策は世界のすべての人々のためになる」と自信過剰に陥り、いわゆるリベラル覇権主義が台頭した。

米国のリベラル覇権主義はウクライナ戦争でもまったく変わっていない。NATOの東方拡大は当初はリベラルな政策の一環だった。東欧を西欧のような親米的な自由主義国家に体制移行させることが東欧地域のためになる政策だと信じられていたのだ。

ウクライナは今、多大な被害を被っているが、米国がもっとロシアの危機感を理解していれば、ここまでの事態の悪化を防ぐことができたのではないかと思えてならない。

ウクライナ戦争の大本の原因を突き止めるには冷戦終結時にまで遡る必要があるのかもしれない。

そもそも冷戦は、米国の圧力で東側陣営が崩れたのではなかった。

冷戦末期に主導的な役割を果たしていたのは当時の西ドイツとフランスであり、「ロシアとの協議を深めて東西の対立を緩和する（欧州共通の家）」という構想だった（冷戦終了後、この構想が具体化することはなかった）。

これに対し、米国は冷戦終結について慎重な立場に終始し、「蚊帳の外」に置かれていた。

「米国が冷戦の勝利者」の地位を確立できたのは、意外にも一九九一年の湾岸戦争での勝利によってだった。湾岸戦争は米ソ対立を背景にしない初めての戦争であり、米国が国連決議を得た上でイラクとの戦いに完勝したことから、「国際社会の安全にとって米軍は不可欠だ」となり、「冷戦終結はソ連が負けて米国が勝った」というストーリーに書き換えられていったのだ（藤原帰一『「正しい戦争」は本当にあるのか』講談社＋α新書、二〇二二年）。

ここに米ロの間の冷戦終結についての認識の決定的な食い違いが見て取れる。

四〇年以上にわたって続いた冷戦の時代は核戦争の勃発が危惧されていたものの、幸いにも米ソ間で大規模な戦争が起きることはなかったため、「新たな世界をつくらなくてはならない」との機運が生じなかった。

近代以降、大戦争の後は通常、国際関係を法や制度で律する構想が何度も誕生した。一七世紀の三十年戦争後のウェストファリア条約、一九世紀のナポレオン戦争後のウィーン議定書、第一次世界大戦後の国際連盟、第二次世界大戦後の国際連合などだ。

「こんな戦争を繰り返したら共倒れになるからなんとかしなくてはならない」との危機意識が戦争を抑止する仕組みの整備をもたらす原動力だったが、冷戦後の世界は「棚ぼた」で覇権国となった米国が自らの利害に基づき国際社会を差配してきたと言っても過言ではない。このように考えると、冷戦終結後三〇年以上続いた現在の国際体制はいびつなものであり、米国の国力が近年低下していることにかんがみれば、賞味期限を迎えつつあったのかもしれない。ウクライナ戦争は「米ソ冷戦が終わり世界は平和になった」という世界観を吹き飛ばす出来事となったが、それ以前から冷戦後の体制が機能不全に陥っていたことを明るみにしたに過ぎないとも言える。

日本では「この戦争は最終的にはウクライナが勝利する」ことが当然視されているが、「兵《へい》站《たん》不足に陥ったウクライナ軍が早晩、大敗北を喫する」との見方もある（二〇二三年三月一日付《JBpress》）。そのような事態になれば、西側諸国のメンツは丸つぶれとなり、現在の国際秩序に大変革が生ずるのではないだろうか。

情勢が不透明な中、肝心なのは「世界の構造レベルで何が起きているか」ということを見定めることだ。

米国と中ロ間の対立が深まる間隙を突き、台頭しているのが「中立パワー」の国家群だ。英誌《エコノミスト》の調査部門ＥＩＵが二〇二三年三月七日に発表した分析によれば、ウクライナ侵略に中立を保つ国々は、世界人口の三〇・七％を占める（一年前の三二・一％から一・四ポイント減少）。どちらにも与《くみ》せず、国益に応じて組む相手を変える中立パワーの主な顔ぶれはインド、南アフリカ、サウジアラビア、ブラジル、ＵＡＥ、コロンビア、トルコ、カタールなどだ。近年、国力を伸ばしてきた新興国が多い。米国一強の時代には中立パワーの裁量は限られていたが、米国の指導力が衰えて構図は一変した。対立する両陣営をてんびんにかけ、双方から実利を引き出しやすくなっている。

冷戦後の世界は長らく、米国の「正義」が国際社会を牛耳ってきたが、唯一の執行権力が存在しないアナーキーな国際社会で本来「正義」を語ることに意味はないだろう。しょせんは「強者の論理」「勝者の正義」にすぎない。むしろ、誰が勝つのか、誰の側につくべきなのかという判断の方がはるかに重要だ。

世界は群雄割拠の時代に逆戻りしつつある。

こうした国際情勢の現実を直視した上で、日本にとっての新たな国家戦略構築にあたってのエッセンスを提示するため、本書を上梓する次第だ。

読者に少しでも有益な視座が提供できれば、筆者にとって望外の喜びである。

ウクライナ危機後の地政学―目次

はじめに　1

第一章　揺らぐ冷戦後の国際体制

第二章　世界はグレート・デフレッションに向かう

第三章

内戦のリスクが高まる米国

第四章

少子化と不動産バブル崩壊で衰退する中国

ウクライナ危機後の地政学

第一章

揺らぐ冷戦後の国際体制

ロシアの侵攻に対して経済制裁で対抗した西側諸国

ウクライナに侵攻したロシアに対して、西側諸国は前代未聞の経済制裁で対抗した。経済を痛めつけることでロシア軍の作戦遂行能力を奪うことが狙いだった。

西側諸国が実施した経済制裁は史上最強だったが、ロシア経済に一定のダメージを与えたものの、当初予想されたほどのレベルには達していない。

二〇二三年五月現在、ロシア経済が破綻する兆候は見えておらず、「経済制裁がロシア経済に深刻な打撃を与えて短期間で戦闘を終了できる」との期待は消えた。

冷戦終結以降、米国は「ならず者国家」と呼ぶ国々（北朝鮮、イラン、イラク、リビアなど）に対し経済制裁を実施してきたが、経済制裁のみで政権転覆など外交安全保障上の目的を達成できたことはない。相手が大国であるロシアであればなおさらのことだ。

逆にマイナス面の方が大きくなっている。

厳しい経済制裁を科したことにより、本来ローカルな問題だったウクライナ危機をグローバルな問題へと拡大させてしまったからだ。

西側諸国の制裁は、プーチン体制が変わらない限り解除されることはないとされており、危機を回避したロシアと西側諸国の間で長期にわたり「経済戦争」が続く事態が現実味を帯びている。これにより西側諸国が主導してきた現在の経済体制が大きく毀損《きそん》するリスクが生じている。

世界はモノ、カネ、情報などのネットワークで網の目につながったが、「結び目」は必ずしも均一ではない。相互依存が強まれば強まるほど中心的な「ハブ」となった国が「ネットワークから排除する」と脅かすことで他国を従属させることが可能になっている。

国家間の商取引が増え、戦えば互いが損失を被る関係となり、流血を防ぐ効果を有するようになるが、西側諸国は「戦いを防ぐはずの相互依存」を逆手にとって「武器」として利用し始めている。

米国をはじめとする西側諸国は世界経済でのシェアは小さくなったものの、金融などの分野で圧倒的な力を誇っており、これをテコにロシア経済に攻撃を仕掛けている。

法令遵守に関するデータを集計する米国の専門サイト《Castellum. AI》によれば、二〇二三年五月現在、ウクライナ侵攻以降のロシアへの経済制裁件数は一万三〇〇〇件を超え、核開発問題を抱えるイラン向けをトータルで上回り、ダントツの世界第一位となっている。

ロシアに対する経済制裁は、❶エネルギーの輸入禁止、❷ハイテク製品の輸出禁止、❸資産凍結、❹金融制裁、❺新規投資の停止などが挙げられる（二〇二二年四月八日付《日本経済新聞》）が、経済的な「武器」の一覧表というものはそもそも世の中に存在しない。経済制裁が引き起こす具体的な影響に関するエビデンスがないのにもかかわらず、ひたすら「ロシア憎し」で次から次へと制裁が繰り出されている感が強い。

経済制裁がもたらす深刻な副作用

経済制裁とは、戦争を起こすなど国際ルールに反した国に対して経済的な打撃を与え、問題のある行為をやめさせようとすることだ。対象の国との貿易を禁じたり、銀行決済などを止めるなどの方法がある。

経済は昔から戦争の武器として利用されてきた。経済制裁は爆弾などのような殺傷力はないが、長期的には敵に対して壊滅的なインパクトを与えることができる。経済のグローバル化が大きく進展した現在、この手段は前代未聞の威力を持つようになっている。

戦争のルールを規定するものとして国際人道法があり、二つの原則を戦争当事国に義務付けている。一つは軍事目標主義と呼ばれるもので、「武力の行使は『相手の軍事力を破壊する』という目的に限定される」とされている。もう一つは害敵手段の制限というもので、使ってよい武器と使ってはいけない武器を区別しており、核兵器や生物化学兵器などは使用禁止だ。

これに対し、非常に新しい「武器」である経済制裁にはルールがまったく存在しない。

流血を伴わないものの、経済制裁が及ぼす影響は広範であり、乱用される可能性が高く、そのリスクを軽視すべきではない。その使用を限られた国の手に委ねるべきではなく、通常の戦争と同様、無関係な民間人に悪影響が及ばないようにするための国際的なルールづくりが必要なのだが、その取り組みがまったくなされていないのが実情だ。

制裁で最も不利益を被っているのはロシアの国民だが、西側諸国の制裁で世界有数の資源大国であるロシアからの供給が減少したことで、紛争とはまったく関係のない発展途上国の多くの人々も生活苦に追い込まれている。

西側諸国は「一致団結して経済制裁で対抗する」という異例の戦略を取ったが、あまりにも副作用が大きいために国際社会の賛同を得ることができていない。

アジア地域でロシアに制裁を科しているのは日本や韓国、台湾、シンガポールなどにとどまっている。中南米では、メキシコに加え、ブラジルやアルゼンチンもロシアに対し制裁を科していない。アフリカでも大半の国が制裁に同調していない。

ロシア・ウラジオストクで二〇二二年九月に開催された東方経済フォーラムで演説したプーチン大統領は「制裁によってロシアを孤立させようとする西側諸国の試みは世界経済を破壊しており失敗している」と主張した。プーチン氏はさらに「制裁は経済戦争の宣戦布告に等しい」とした上で「新型コロナのパンデミックに取って代わって世界経済への主要な脅威になった」との認識を示したが、国際社会の「声なき声」を代弁しているような気がしてならない。

汚職国家ウクライナ

ウクライナのゼレンスキー大統領の獅子奮迅《ししふんじん》の活躍のおかげで、ウクライナは西側諸国の世論を味方につける情報戦で圧倒的に有利な状況にある。西側諸国では「ウクライナを断固支援すべき」との世論が盛り上がり、一時は「ウクライナが勝利する」との期待も生まれた。西側諸国では「ゼレンスキー大統領は善で、プーチン大統領は悪だ」という勧善懲悪的な構図が定着し、ゼレンスキー大統領を批判すること自体がタブーになっているが、このような状況に筆者は違和感を覚えている。

二〇二三年一月に大統領に返り咲いたブラジルのルーラ氏は二〇二二年五月、《タイム》誌のインタビューで「連日のように世界各地のテレビで演説し、拍手喝采を受けているゼレンスキー大統領も戦争を望んだと言える。そうでなければ同国のNATO加盟に向けた動きに反対するロシアに譲歩したはずだ。交渉を重ねて紛争を回避すべきだったゼレンスキー大統領にもプーチン大統領と同等の責任がある」と述べている。西側諸国で生活しているとわかりづらいが、国際社会ではこのような見解が案外有力なのかもしれない。

ここで、あまり日本では知られていないウクライナの実情に触れてみたい。

国連難民高等弁務官事務所（UNHCR）によれば、二〇二三年四月現在、二〇〇〇万人を超えるウクライナ人が国外に逃れたが、そのうち半数以上が帰国していると言われている。帰国したウクライナ人に「助けの手」を差し伸べるための支援をできる限り早期に実施する必要がある。

ウクライナ政府は追加資金の使途について、何百万もの人々の緊急収容設備の設置や住宅修繕、失業者への最低生活保障などを挙げているが、援助する側の西側諸国にとって極めて頭が痛い問題が浮上している。

国際社会の同情を一身に集めているウクライナは実は世界に冠たる汚職大国なのだ。

ドイツの首都ベルリンに事務局を置く国際NGOのトランスペアレンシー・インターナショナル（TI）は一九九五年から毎年「腐敗認識指数」を発表している。この指数は世界の国々の腐敗に関して最も一般的に用いられる指標だ。二〇二三年一月に公表された最新版でもウクライナは世界一八〇カ国中一一六位とランキングは低いままだ。ソ連崩壊後、ウクライナでもロシアと同様の腐敗が一気に広がった。独立後のウクライナはマフィアによって国有財産が次々と私物化され、支配権力は底なしの汚職で腐敗していった。現在に至るまでウクライナには国家を統治する知恵や経験を持った政治家や官僚がほとんど存在せず、マフィアが国家の富を牛耳ったままの状態が続いている。政党「国民の僕《しもべ》」を立ち上げ、大統領に就任したゼレンスキー氏も有力なオリガルヒ（新興財閥）の傀儡《かいらい》に過ぎないとの指摘がある。

政治の素人だったゼレンスキー大統領は「汚職撲滅」をスローガンに掲げて二〇一九年に大統領となったが、国際調査報道ジャーナリスト連合（ICIJ）は二〇二一年一〇月、「ゼレンスキー大統領は英国領バージン諸島にペーパーカンパニーを設立し、就任後二年間で八億五〇〇〇万ドルの蓄財をなした」ことを公表した。オランダの政党「民主主義フォーラム」が作成した「組織犯罪汚職報告書」によれば、「ゼレンスキー大統領の資産はロシアの侵攻後も毎月一一〇〇万ドルのペースで増加している」としている。これらの指摘が正しいとすれば、ゼレンスキー大統領も「同じ穴の狢《むじな》」だ言われても仕方がないだろう。

破綻国家になりつつあるウクライナ

ウクライナはロシアから理不尽な侵略を受けた被害者だ。だが、このような事情を勘案したとしても、同国の民主主義に疑問を抱かざるを得ない事態が生じていることも紛れもない事実だ。

ウクライナの裁判所は二〇二二年六月、同国最大の親ロシア派政党「野党プラットフォーム—生活党(OPFL)」の政治活動を公式に禁止し、OPFLの財産を没収した。ロシアとの良好な関係を模索してきたOPFLの二〇一九年議会選挙の得票率は一三・〇五%であった。戦時中とはいえ、「少数派の尊重」という民主主義の原則を踏みにじる決定を行うのは言語道断だ。政治的自由がない点でウクライナはロシアやベラルーシと同レベルだ。

ウクライナはさらに深刻な問題を抱えている。

避難民の九割は女性や子供である。人身売買を巡る犯罪の懸念が急速に高まっている。国際NGOのワールド・ビジョンは、二〇二二年三月、ルーマニア事務所の調査を基に「以前からウクライナなど東欧の一部地域で女性が人身売買の被害者になるリスクがあったが、そのリスクは飛躍的に高まっている」と警告を発した。《ロイター》は一二年前の二〇一一年九月五日、「旧ソ連崩壊後、約一〇万人のウクライナ女性が海外に連れ出され、風俗産業に従事させられた」と報じていた。

ウクライナは違法薬物の大生産地にもなりつつある。

国連薬物犯罪事務所（UNODC）は二〇二二年六月の年次報告書で、「ロシアによるウクライナ侵攻により違法薬物の製造が拡大する恐れがある」との見通しを示した。

UNODCによれば、ウクライナで撤去されたアンフェタミン（合成麻薬）の製造拠点が二〇一九年の一七カ所から二〇二〇年には七九カ所に増加したという。七九という摘発件数は世界最多だった。戦争状態が続けば、ウクライナの合成麻薬の製造能力がさらに拡大することは間違いないだろう。

残念ながら、このままいけばウクライナは旧ソ連が侵攻したアフガニスタンのような「破綻国家」になりかねない。

ウクライナ戦争で得する国々

以上説明してきたとおり、ウクライナはけっして模範的な国家ではない。にもかかわらず「ロシア憎し」のあまりウクライナにばかり肩入れしている西側諸国の対応について、発展途上国で不満が高まっている。

ロシアに侵攻されたウクライナ国民に対する同情が欧米諸国で高まっていることに、特に中東地域の人々は不信感を強めている。欧米諸国のウクライナへの対応が中東地域に向けられた態度とあまりにも違うからだ。欧米諸国は避難するウクライナ人に対して門戸を喜んで開放しているが、かつてシリアからの難民が流入した際、どれだけ冷たい態度を取ったことか。中東地域の人々の間で「白人優先主義だ」との不満が生じている。

「外国への侵攻」という意味では米軍のイラク侵攻も同じだが、「国際社会は米国に制裁を科したのか」、「侵攻された側を支援したのか」との怒りがこみ上がってくる。

アフリカやインドでも難民や人道危機における国際社会の対応が「人種差別的だ」と不満の声も上がっている。

当初「自由や民主主義を守る戦い」と称されてきたが、戦争が長期化するにつれて、「国際秩序に変革が起きる」との認識が広まりつつある。

プーチン大統領は「米国主導の世界秩序は終わった」とかねてから主張してきたが、ウクライナでの紛争状態が長引けば長引くほど、米国一極集中時代が終焉《しゅうえん》を迎える可能性が高まっているのではないだろうか。

ロシアのウクライナ侵攻とこれに対する西側諸国の制裁のせいでヒト・モノ・カネの従来の流れが大きく変わってきているが、その中にあっても自らの国益を伸ばすしたたかな国が存在する。国際社会からの注目度が最も上がったのはトルコだ。ロシアが占拠しているウクライナ南東部はもともとオスマン帝国が長年にわたり支配していた地域だ。

米国の影響力低下を尻目に黒海の対岸に位置するトルコは、黒海を挟んで隣接するロシアとウクライナとの関係の深さを生かして、激しく対立する両国の間を取り持つ役割を演じている。二〇二二年三月に両国の外相会談を実現させたトルコは、同年七月下旬、黒海を経由したウクライナ産穀物輸出に関するロシアとウクライナ間の合意を国連とともに実現させている。これに自信をつけたからだろうか、トルコのエルドアン大統領はロシア軍が占拠を続けるウクライナ南東部ザポリージャ原子力発電所を巡って核災害の懸念が高まる中、調停役に名乗りを上げた。穀物輸出の際に培った経験が活かせるというのはその理由だ。

トルコがロシア・ウクライナ両国の仲介に尽力しているのは、この問題がトルコの経済的利益に直結しているからだ。

トルコ自身も小麦の大生産国だが、ロシアやウクライナからも多くの小麦を輸入し、パスタなどに加工して世界各国に輸出している。トルコの二〇二一年のパスタ輸出量は約一三〇万トンと世界有数の規模を誇っており、ウクライナからの小麦輸出が滞る事態を回避して、「虎の子」産業に悪影響が及ぶことを阻止しなければならない。

トルコはＮＡＴＯ加盟国であり、欧州連合（ＥＵ）と関税同盟を結んでいるにもかかわらず、中立的な態度を取っているおかげで「漁夫の利」を得ている。

存在感が高まるグローバルサウス

インドも米ロ両大国との間で絶妙なバランスを取り、多大な利益を引き出している。そのおかげでロシアから原油や肥料など幅広い商品を格安価格で購入できている。

とりわけ目立つのは原油取引の分野だ。西側諸国がロシア産原油の購入を手控えるのを尻目に、ロシア産原油をディスカウント価格で「爆買い」している。インド国営バローダ銀行は二〇二三年五月一〇日、「二〇二二年のロシア産原油の輸入量は前年比一〇倍となった」と公表した。

米国からの二次制裁（制裁の取引相手に対する制裁）を恐れている中国とは異なり、インドは米国が主導する対中包囲網のＱＵＡＤ《クアッド》（日米豪印戦略対話）に参加している自国の強みを存分に利用している。「制裁したらクアッドから抜けるぞ」と脅かせるというわけだ。

経済力の拡大を続けるインドは、大国としての地位固めにも躍起になっている。

「あなた方の声はインドの声であり、あなた方の優先課題はインドの優先課題だ」

インド政府が二〇二三年一月に主催した「グローバルサウスの声サミット」の開幕セッションで、モディ首相は参加した約一二〇の国々の代表にこのように語りかけた。

グローバルサウスとは「途上国」のことを指し、アフリカ、ラテンアメリカ、アジアの新興国などが当てはまる。これに対し、経済的に豊かな少数の国々は「グローバルノース」と呼ばれている。

「ウクライナ戦争や気候変動問題など世界の問題のほとんどは先進国に責任があるのに、被る悪影響は自分たちの方が大きい」との不満が渦巻く現状を踏まえ、モディ首相は「グローバルサウスの声を増幅させる」と述べた。二〇二三年のG20（主要二〇カ国・地域）の議長国を務めるインドは、グローバルサウスの代表として、現代版「南北問題」の解決に向けて意欲を示した形だ。

「インドに続け」とばかりに動き始めたのはインドネシアだ。途絶えていたロシア産原油の輸入を再開し、ロシアが主導するユーラシア経済連合（EAEU）との間で自由貿易協定（FTA）締結に向けた交渉も開始した。

国連が機能不全となり、リーマンショック後に存在感を高めたG20も共同声明を出すことができなくなっている。

地の利を活かした地域大国が影響力を持つようになっており、日本もこうした国際政治の現実を直視しなければならないだろう。

BRICSは対抗軸になるのか

ロシアのウクライナ侵攻以降、BRICS《ブリックス》への関心が高まっている。

ＢＲＩＣＳという名称はブラジル、ロシア、インド、中国、南アフリカの国名の頭文字を取ったものだ。米金融大手ゴールドマン・サックスのジム・オニール氏が二〇〇一年、経済成長が著しい四カ国（ブラジル、ロシア、インド、中国）を「ＢＲＩＣｓ」と命名すると、この名称は瞬く間に世界中に広まった。

世界的な関心の高まりを受けて、四カ国は二〇〇九年に首脳会合を始め、二〇一〇年に南アフリカが加わり、現在のＢＲＩＣＳメンバーは五カ国となっている。

中国とともにロシアが大きな影響力を持つ組織であるＢＲＩＣＳはその後も経済成長を続け、二〇二一年の国内総生産（ＧＤＰ）は世界の二五・五％を占めるようになっている。同じく人口では世界の四二・〇％以上だ（三〇億人超）。

二〇二二年六月にオンライン形式で開催されたＢＲＩＣＳ首脳会合に飛び入り参加したアルゼンチンのフェルナンデス大統領は「ＢＲＩＣＳの正式なメンバーになることを強く希望する」と予想外の発言を行った。アルゼンチンの正式加盟が認められれば、一三年ぶりにＢＲＩＣＳのメンバーは増えることになる（ＢＲＩＣＳという名称も変更される可能性が高い）。ＢＲＩＣＳへの加盟については、アルジェリアやサウジアラビア、トルコなどが関心を示していると言われている。

順風満帆に見えるＢＲＩＣＳだが、内実は違う。二〇二二年九月に開催された国連総会で中国とインドはロシアに対して停戦を求めるなどＢＲＩＣＳはけっして一枚岩の組織ではない。

ＢＲＩＣＳの加盟国は自国の国益に従い是々非々で行動している。

ＢＲＩＣＳには深刻なアキレス腱もある。ＧＤＰの大きさから「中国がＢＲＩＣＳの主導権を握る」との論調が一般的だが、中国はインドとの間で深刻な国境問題を抱えていることを忘れてはならない。

中国とインドの間の国境は約四〇〇〇キロメートルに及ぶが、そのほとんどが未画定だ。中国はインドに対して経済を「餌」に関係改善を図ってきたが、二〇二〇年六月にインド北部の係争地で両軍が衝突したことを契機にその関係は急速に冷え込んでいる。係争地には計約一〇万人の両国の部隊が配備されたままだ。

後述するが、ここに来て事態がさらに悪化する兆しを見せており、中国とインドの間の大規模衝突が起きるリスクが高まっている。

中国が主導するＢＲＩＣＳの拡大の動きについてもインドは難色を示しており、空中分解する可能性も排除できない。

「世界は新冷戦に向かう」との指摘があるが、求心力に乏しいＢＲＩＣＳが国際社会をリードしていくだけの力はないだろう。

世界がＧゼロ（アメリカの政治学者イアン・ブレマー氏らの造語で、リーダー不在の国際社会のことを指す）化する時代にあって重要なのはイデオロギーではなく実利だ。

世界の大半の国は、米国・欧州、中国・ロシアのいずれの陣営にも完全に与することなく、自国の国益を第一に考え、ある問題では米国・欧州の立場に賛同し、別の問題では中国・ロシアに近い立場を取るという、外交のフリーハンドをこれまで以上に確保したいとする国々が今後増えていくことが予想される。

いずれにせよ、ウクライナ侵攻後の世界の新たな秩序は、冷戦時代よりもはるかに複雑なものになるのではないだろうか。

変容を余儀なくされる国際金融システム

ウクライナ危機は世界を多極化するだけではなく、冷戦終結後の国際経済システムに大きなストレスを与えている。最も大きな変化が生じる可能性があるのが国際金融だ。

二〇二二年三月、西側諸国の経済制裁の一環で、国際銀行間通信協会（ＳＷＩＦＴ）は国境を越えた送金業務に必要となる同協会の情報システムからロシアの銀行を排除した。これによりロシアの銀行は国際的な送金を迅速に行うことが困難となり、ロシア経済は世界の金融市場から実質的に切り離されてしまったと言っても過言ではない。

さらに同月、米連邦準備制度理事会（ＦＲＢ）と欧州中央銀行（ＥＣＢ）がロシア中央銀行が保有していた約三〇〇〇億ドル分の外貨準備を凍結した。ロシアの外貨準備高は約六四〇〇億ドルに上るが、その半分が引き出せなくなってしまった。

ロシアはＳＷＩＦＴの制裁を覚悟していたかもしれないが、自国の中央銀行が保有する外貨準備が凍結されることまでは想定していなかっただろう。

外貨準備の凍結は「金融分野における大量兵器」と呼ばれ、ロシア経済に大打撃を与えることは間違いないが、金融関係者から「現在の国際通貨システムの信認を毀損することにつながりかねない危険な行為だ」と懸念の声が上がっている。

これを理解するためには戦後の国際通貨システムの歴史を振り返る必要がある。

戦後の国際通貨システムは、第二次世界大戦後期の一九四四年に締結されたブレトン・ウッズ協定が始まりだ。金一オンスの価格を三五米ドルと定め、他国の通貨をドルに対して固定することで大戦後の国際通貨システムの安定を図った。

一九六〇年代に入り米国の貿易赤字が深刻化し、ドルの価値下落に歯止めがかからなくなったことから、一九七一年に米ドルと金の交換が停止され（ニクソン・ショック）、ブレトン・ウッズ体制は幕を閉じた。

国際通貨システムの動揺は深刻なインフレを引き起こした。インフレを抑制するために政策金利が大幅に引き上げられたため、世界経済はスタグフレーション（不景気下の物価高）に陥った。

その後、冷戦の勝利者となった米国が圧倒的な国力を背景に世界のエネルギーや食料などの安定供給を保証したことから、ドルへの信認が再び高まった。ドルは決済通貨の地位を不動のものにし、価値の保蔵手段として国際的に認められるようになったことから、米国と敵対する国々でもドルが浸透した。

二〇一四年にロシアがウクライナ領のクリミア半島を併合した際、オバマ大統領（当時）は外貨準備の凍結をロシアへの制裁として活用することを検討したようだが、「国際通貨システムに与える悪影響があまりにも大きい」との理由で実施しなかった。ロシアの外貨準備を凍結すれば「ドルはいざという時に使えなくなる」との懸念が広まり、基軸通貨の核心的な要件である価値保蔵の手段としての信用が毀損してしまうことを恐れたからだとされている。

オバマ政権で副大統領を務めていたバイデン大統領は外貨準備の凍結という禁じ手を打ってしまったが、その影響が早くも出ている。

サウジアラビアの反乱？

米紙《ウォール・ストリート・ジャーナル》は二〇二二年三月一六日、「サウジアラビアが中国への原油輸出の一部をドル建てから人民元建てに変更している」と報じた。

中国向けはサウジアラビア原油輸出全体の二五％超を占めている現状から、「人民元の国際化」を目標に掲げる中国側の提案で交渉は二〇一六年に始まったが、バイデン米政権への不満を募らせているサウジアラビアが中国との交渉を加速させているという。これが実現すれば現在の国際通貨体制に大きなインパクトを与えることは確実だ。

なぜなら、サウジ王室と米ドル基軸通貨体制には深い関係があるからだ。先に述べた一九七一年八月のニクソン・ショックでドルが急落したことに慌てたニクソン政権は、一九七四年一〇月にキッシンジャー国務長官（当時）をサウジアラビアに派遣し、「王家の保護を約束する見返りに原油輸出をすべてドル建てで行う」ことに合意した。金の代わりに原油をアンカー（最後の支え）にすることでドルの価格の安定を図る狙いがあった（ペトロダラーの始まり）。

ペトロダラーは一定の効果をもたらしたものの、ドルが現在のような基軸通貨になったのは冷戦終結以降のことだ。歴史上初めて「世界の警察官」となった米国そのものへの信頼がドルの価値を支えるアンカーの役割を担うようになったことから、現在の国際通貨体制は米ドル本位制と言っても過言ではない。

だが、ロシアの外貨準備凍結で「ドル資産は米国政府の意向次第で容易に接収されてしまう」という極めて政治リスクが高い代物だということを露呈してしまった。

多額の原油売却代金をドルで保有するサウジアラビアにとって、ロシアに対する米国の制裁はけっして「対岸の火事」ではない。初外遊でサウジアラビアを訪問したトランプ前大統領とは異なり、バイデン政権は人権問題などでサウジアラビアに厳しい姿勢で臨んでいる。国内のガソリン価格高騰を抑制するためサウジアラビアに増産を要請しているバイデン政権は融和姿勢を示し始めているが、いつ態度が豹変するかわかったものではない。米国の目の敵になりがちなサウジ王室が「明日は我が身」と考えたとしてもなんらおかしくはない。

人権面で米国から批判されているサウジアラビアは、ロシアのように自国の外貨準備が凍結されることを恐れて、米ドル依存からの脱却を図る手段を真剣に検討しているのだろうが、このような動きが米国との関係で問題を抱える各国の間で広がっていけば、ドルへの信認を基盤とする現在の国際通貨システムが揺らいでしまう。

ロシアが有利な形で事実上の停戦を迎えたら、米国の金融制裁が仇《あだ》となり、ドル経済圏が縮小するという皮肉な事態に陥ってしまうかもしれない。

ロシアの外貨準備の凍結が、ニクソン・ショックに匹敵するバイデン・ショックを引き起こしてしまう可能性は排除できない。

多様化が始まる決済通貨

国際通貨基金（ＩＭＦ）は二〇二二年三月、「米国によるロシアの外貨準備の凍結措置は世界の金融システムにおけるドルの影響力を弱め、現在の国際通貨体制に綻びを生じさせる可能性がある。今後、二国間貿易に立脚した決済システムの動きが活発になり、国家間の貿易をベースとする通貨ブロックが出現する可能性がある」との見解を示した。

ＩＭＦが指摘したように、決済通貨の多様化の動きが生じている。決済通貨とは貿易などの国際的な取引で使われる通貨のことだ。例えば、日本から米国に輸出する場合、代金を円で受け取るのか、ドルで受け取るのかという決済通貨の決定が必要となる。決済通貨が円なら代金をすぐに使うことができるが、ドルの場合には両替の手間がかかる上に、為替リスクも発生する。発展途上国の通貨が決済通貨になることはまれだ。決済通貨に選ばれるためには、発行している国の信用力や経済力が大きな要素となる。

最も顕著な動きが生じているのはロシアと中国だ。このところ中ロ間貿易における人民元決済シフトが進んでいる。制裁を科されたロシアの銀行の動きが大きく影響している。

SWIFTから排除されたロシアの銀行はこぞって中国政府が二〇一五年から稼働させている人民元の国際銀行間決済システム（CIPS）に接続している。二〇二二年七月時点でロシアの銀行は二三行がCIPSに接続しており、ロシア最大の天然ガス企業ガスプロム傘下のガスプロムバンクも接続準備を進めている（二〇二二年七月二七日付《日本経済新聞》）。

人民元決済の比率はロシアで大幅に上昇しており、ロシアへの制裁を奇貨として存在感を高めている人民元だが、過大評価は禁物だ。

SWIFTによれば、二〇二二年七月の人民元の国際決済シェアは世界第五位に過ぎず、首位のドルや第二位のユーロとの差は大きい。

資本取引が規制されている人民元はハードカレンシー（国際市場で他国通貨と自由に交換が可能な通貨）の要件も満たしていない。今後もシェアを徐々に拡大するだろうが、「短期間のうちにドルやユーロを脅かす存在になる可能性は低い」というのが一般的な評価だ。

二〇二二年一二月にサウジアラビアを訪問した中国の習近平国家主席は「原油取引の人民元決済」を提案したが、サウジアラビアがこれに応じることはなかった。

中国との間で人民元決済を進めているロシアは、自国通貨ルーブルを決済通貨にする取り組みも始めている。ロシアは二〇一四年のクリミア半島併合後、金融メッセージ転送システム（SPFS）と呼ばれる銀行間通信システムを稼働させており、現在、ロシアとアルメニア、ベラルーシ、カザフスタン、キルギスで構成するユーラシア経済連合（EAU）の銀行間で次第に使われるようになってきているという。

ロシアはさらに中国やトルコとの間で天然ガスの代金の一部をルーブル建てで行う動きを見せている。そのせいもあってか、ウクライナ侵攻直後に暴落したルーブルの対ドルレートは二〇二三年五月現在、侵攻前の水準に戻っている。

ロシアはイランとの間でも二国間の通貨を用いた決済システムの構築に努めている。

イランは自国の通貨取引所がルーブル・リヤルの通貨ペアを上場させたことで、両国はそれぞれ自国の通貨で取引債券を決済できるようになった。

このところ急速に存在感を高めているインドも自国通貨ルピーを決済通貨に仕立て上げようと虎視眈々《たんたん》だ。

ロシアと中国が主導する上海協力機構（SCO）は二〇二二年九月、加盟国間の貿易で自国通貨の使用を増加させる措置を取ることで合意した。

このように、新たな決済通貨の構築を巡る動きがにわかに活発化しているが、これらのシステムはＳＷＩＦＴに比べると「処理速度が遅い」「コストが高い」「エラーが起こりやすい」といったデメリットが指摘されており、その導入・拡大はけっして容易ではない。

だが、歴史を振り返れば、国際通貨の興亡は戦争や危機など大事件をきっかけに不連続的に生じてきた。ウクライナを巡る戦況は予断を許さないが、ロシアのウクライナ侵攻後の半年間でわかったのは西側諸国の国際社会に対する影響力がかつてなく低下したことだ。

このことが最も顕著な形であらわれているのは、西側諸国のかつての植民地だったアフリカだ。通貨主権を独占する西側諸国は決済網などを武器ににらみをきかせてきたが、今回のウクライナ危機でアフリカのほとんどの国がその制裁に従っていない。

「二〇五〇年に人口が二五億人に急増する」と予測されるアフリカは市場として極めて有望だ。「最後のフロンティア」と呼ばれるアフリカでは、貿易額で首位を独走する中国と武器や食料などを供給するロシアの存在感は大きい。

ウクライナ危機が長引けば長引くほど、実利を求めるアフリカの軸は西側諸国からロシアや中国へと一段と傾きかねない状況にある。

アフリカの決済通貨はこれまでドルやユーロが独占してきたが、中国やロシアなどが代替となる国際決済システムを構築し始めたことで、今後「通貨を巡る構図」が大きく変わる可能性が出てきている。

　プーチン大統領の最側近とされるパトリシェフ安全保障会議書記は二〇二二年四月の政府系新聞《ロシースカヤ・ガゼータ》のインタビューで、「自国の金融システムの主権を強化するため、ルーブル相場を金やその他の商品価格と連動させることを検討している」と述べた（二〇二二年四月二九日付《ロイター》によれば、ロシア中央銀行のナビウリナ総裁は否定している）。金本位制、原油本位制に続く商品《コモディティー》本位制の提案は「西側諸国が牛耳る国際金融市場から締め出されつつあるロシア側の窮余の策に過ぎない」と切り捨てることもできるだろう。だが、ロシアのウクライナ侵攻と西側諸国の経済制裁により世界の経済システムは大きく揺らいでいることも事実だ。

　決済通貨が多様化したとしても、ドル覇権が短期間に終わりを告げることはないだろうが、「一〇～二〇年というタイムスパンでどのように変容していくか」を虚心坦懐に考察していくことが重要だろう。

石油危機の再来

　金融とともに大きなストレスがかかっているのはエネルギーの分野だ。

　再生可能エネルギーの導入が進んだとはいえ、世界のエネルギー消費のうち八割以上を占めるのが化石燃料だ。資源エネルギー庁「エネルギー白書二〇二二」によれば、世界のエネルギー市場における石油のシェアは一九七三年の四八・七％でピークだったが、その後、低下したものの、二〇二〇年のシェアは三一・二％と依然として高い。エネルギーの中で最大の貿易財は石油であり、次いで天然ガス（液化天然ガス〔LNG〕を含む）、そして石炭の順となる。

国際エネルギー機関（IEA）によれば、ロシアは天然ガス輸出の世界シェアの約一三％（二〇一九年）、原油の約一三％（二〇二〇年）、石炭の約一六％（二〇二〇年）を占める。ロシアはエネルギーや食料などコモディティーを世界市場に供給する大国だ。このロシアを排除しようとしたことで、一九七三年に起きた第一次石油危機時に匹敵する同時多発的なエネルギー価格高騰を招いてしまった。

ロシア経済も一九九一年のソ連崩壊以降、最大の危機に直面しているが、プーチン大統領が述べているように、現下の世界経済はロシア抜きでは成り立たない。

原油価格などエネルギー価格が上昇すれば、消費国から産油国に所得移転が発生し、産油国の経済的なパワーは増大する。

エネルギー供給国の国際社会における影響力や発言力が否が応でも高まる。

第一次石油危機時の石油輸出国機構（OPEC）は「泣く子も黙る」恐るべき組織であり、国際社会、特に西側諸国の生殺与奪の権を握っていた。この時に実施された「アラブ禁輸」の下、段階的な原油供給削減の可能性に直面した日本は危機を回避するため、それまでの中東政策を見直すことを余儀なくされた。

二〇二三年五月現在、世界の原油価格はロシアのウクライナ侵攻以前の水準に戻っているが、中長期的には高騰すると予測されている。

第一次石油危機の背景には世界の原油市場が供給不足に陥っていたことがあったが、現在のエネルギー市場も当時とよく似ている。昨今のエネルギー間の競争が激化している中で供給余力が低下していたからだ。

二〇一四年の世界の原油・天然ガスの上流投資（開発による投資）の規模は約八〇〇〇億ドルに上っていたが、国際エネルギーフォーラムらの報告によれば、二〇二〇年には三〇九〇億ドルに減少してしまった。米国でシェール革命が起きたことで従来の手法による探鉱開発活動が低調になってしまったことに加え、新型コロナのパンデミックによる需要減少が主な要因だ。二〇二一年の上流投資の規模も「脱炭素」の逆風のせいで三四一〇億ドルと伸び悩んだ。

米国で民主党のバイデン政権が誕生して以来、国際社会は「脱炭素」一色に染まった感が強かったが、このあおりを最も受けたのは化石燃料であることは言うまでもない。

原油などの化石燃料が「座礁資産」になってしまったことも頭が痛い。

座礁資産とは「社会の環境が激変することにより価値が大きく毀損する資産」のことを指すが、二酸化炭素排出量の大幅削減を余儀なくされる環境下で化石燃料の資産価値が大きく下がるというわけだ。

ＩＥＡも二〇二一年五月、二〇五〇年までに世界の温室効果ガス排出量を実質ゼロにするための行程表を公表した。その主な内容は、❶化石燃料関連の新規投資の決定を二〇二一年中に停止する、❷二〇三五年までにガソリン車の新車販売を停止する、❸二〇四〇年までに石炭・石油発電所を廃止する、❹二〇五〇年までにエネルギー供給に占める再生可能エネルギーの割合を約七割に引き上げる、などだ。

二〇二一年一〇月三一日〜一一月一三日に英国で開かれる国連気候変動枠組み条約第二六回締結国会議（ＣＯＰ26）を前に、ＩＥＡとしては具体的な道筋を示すことで「温暖化対策に後ろ向き」との批判をかわす狙いがあったのだろうが、専門家からは「今後の世界の原油市場に混乱をもたらす」と危惧する声が一斉に上がった。

英ＢＰ社が二〇二〇年九月に発表したシナリオによれば、世界の原油需要は日量約一億バレル（二〇一九年）から二〇五〇年までに同二四〇〇万バレルに減少し、原油生産者は低コストで採掘ができる少数の会社のみが生き残ることになるが、低コストで原油生産が可能な地域は中東に集中している。ＯＰＥＣの世界の原油生産に占める割合は二〇二一年五月現在三七％だが、二〇五〇年には過去最高の五二％に達するという。

そもそもＩＥＡは、一九七三年の第一次石油危機を契機に米国のキッシンジャー国務長官（当時）の提唱により、石油危機を再発させないことを目的として一九七四年に設立された国際機関である。石油危機が勃発する可能性が高い中東産原油の依存度を下げるために、非

ＯＰＥＣ諸国の増産を支援するなど世界の原油供給の拡大を後押ししてきた。化石燃料を巡る国際情勢が大きく変わったとはいえ、そのＩＥＡが原油の中東依存度を高める内容のレポートを出したことは皮肉以外の何ものでもない。

ＩＥＡは二〇一〇年代後半に「原油開発への投資の減少から二〇二〇年代初めに深刻な供給不足が生じ、原油価格は急上昇するリスクがある」と警告していたのに、である。

ＩＥＡは原油市場の「番人」としての役割を放棄してしまったと言わざるを得ない。

割高になってしまった温暖化対策の切り札「天然ガス」

今回のエネルギー危機で最も深刻な影響が出ているのは天然ガスだ。

天然ガスの場合、ＯＰＥＣのような組織が存在していないこともあり、すべての生産国が生産能力の上限での操業を実施しており、市場全体に余剰生産能力が存在していない。このような状況下で唯一「スイングプロデューサー」的役割を担っていたのがロシアだったが、そのロシアが危機の震源地になってしまった。ゼロサムゲームの状況下で欧州がロシアから調達していた年間一五五〇億立法メートルの天然ガス（ＬＮＧ換算で一億一〇〇〇万トン超）の代替が容易に見つからないのは当然だ。

天然ガスはつい最近まで原油に比べて割安価格で取引されてきた。液体である原油は大型タンカーで手軽に運べるのに対し、気体である天然ガスの輸送にはパイプラインを敷設したり、LNGに転換するための大型設備が必要だからだ。利便性の点からディスカウント販売されてきた天然ガスだったが、ロシアによるウクライナ侵攻で事態は一変、割高になってしまった。

低価格も追い風となって天然ガスの需要はこれまで順調に拡大してきたが、二〇二二年七月、IEAは「二〇二二年の世界の天然ガス需要は前年に比べて〇・五％減少し、その後三年間も低調な伸びにとどまる。世界的な天然ガス価格高騰で石炭や原油から天然ガスへの切り替えが進まなくなっている」との見解を示した。

それればかりか、天然ガスから原油や石炭への「逆流」現象も起きている。天然ガスが割高になってしまったために、発展途上国ばかりか先進国でも天然ガスに代わる燃料の需要（代替需要）が生じているのだ。

IEAは二〇二二年八月、二〇二二年の世界の原油需要を前年比二・二％増の日量九九七〇万バレル、二〇二三年の原油需要を二・一％増の一億一八一万バレルとそれぞれ上方修正した。上方修正の要因は代替需要の広がりだ。天然ガスと電力の価格が高騰し、一部の国で天然ガスから原油への切り替えを促しており、顕著なのは欧州と中東だ。IEAは「高温による冷房需要の高まりで発電用燃料としての原油需要が伸びる」と想定している。

原油以上に代替需要が生まれているのは石炭だ。

IEAは同年一二月、「二〇二二年の世界の石炭消費量は前年比一・二％増の約八〇億二五〇〇万トンになる」との予測を示した。この規模は過去最高だった二〇一三年の七九億九七〇〇万トンを上回り、二〇二三年は過去最高を更新する可能性が高い。増加を牽引《けんいん》しているのはインドとＥＵだ。ＥＵではドイツをはじめ、イタリア、フランス、英国、オランダ、オーストリアが石炭火力発電の利用拡大を相次いで表明している。気候変動対策として石炭消費の削減を世界各国に強く要求してきたＥＵが、電力確保のためにやむなく石炭の購入を大幅に増加させているのはなんとも皮肉なことだ。

世界最大の石炭消費国である中国もこのところ石炭需要を拡大している。二〇二一年に全国規模で電力不足が発生した中国では、石炭火力への期待は高まるばかりだ。二〇二三年五月現在、中国は世界の石炭発電能力の半分を擁し、発電向けの石炭需要は世界の石炭需要の三分の一を占めている。

天然ガスは温暖化対策の切り札として位置づけられてきた。天然ガス（メタン）の化学構造はCH_4、炭素に対する水素の比率がこれ以上高い燃料は自然界に存在しない。天然ガスは重量当たりの熱量が最も大きく、環境負荷（熱量当たりの二酸化炭素の発生量）が最も少ない「究極の化石燃料」なのだが、世界最大の天然ガス輸出国であるロシアが紛争当事者になったことでその導入促進が大きく妨げられていると言わざるを得ない。

欧米の原子力にとって不可欠なロシア産ウラン

ＩＥＡは二〇二二年六月、「二〇五〇年までに温室効果ガスの排出を実質ゼロにする目標を達成するため世界の原子力発電の設備容量を現在の二倍にする必要がある」との報告書を公表した。これを実現するためには原子力への投資額を三倍超に引き上げる必要があるとの試算だ。

欧米諸国は一斉に「原子力シフト」に舵を切り始めているが、ここでもロシアが大きな「壁」として立ちはだかっている。

米国政府は二〇二二年三月、ロシア産の天然ガス・原油・石炭の輸入を禁止したが、ウランを制裁対象にすることはなかった。ロシアはウラン資源の大供給国だからだ。

原子力発電の燃料の大本の原料は天然ウランだが、天然ウランには核分裂して膨大な熱エネルギーを放出するウラン２３５はわずか〇・七％しか含まれていないことから、そのままでは原子力発電に利用できない。核分裂しづらいウラン２３８を分離し、ウラン２３５の割合を三〜五％に濃縮する必要がある。

二〇二〇年時点で米国が輸入する天然ウランの一六・五％がロシアからのものだった（二〇二二年三月一一日付《ブルームバーグ》）。

かつて米国は天然ウランの大生産国だった。米エネルギー情報局（ＥＩＡ）によれば、米国の一九八〇年の天然ウラン採掘量は四三七〇万ポンド（一ポンド＝〇・〇〇〇四五トン）を誇っていたが、二〇一九年にはわずか一七万ポンドにまで減少している。
米国は天然ウランのロシア依存からの脱却に必死だ。

ロシアのウクライナ侵攻以後、世界の天然ウラン価格は約三割上昇しており、米国と同盟関係にあるオーストラリア（二〇二二年時点でウラン採掘量世界第四位）やカナダ（同世界第二位）のウラン採掘企業は増産態勢に入っており、今後ロシア産天然ウランを代替できる見通しとなっている。

次に濃縮ウランだが、二〇二〇年時点で米国は二三％をロシアに依存していた（二〇二二年三月一一日付《ブルームバーグ》）。

ウラン採掘とは異なり、ウラン濃縮はロシア依存からの脱却が困難だ。高度な技術が要求される作業であり、一朝一夕でその能力を獲得するのは難しいからだ。

米国のウラン濃縮能力は近年一貫して低下しており、ロシア、中国、フランス、ドイツなどの後塵を拝している。一九七九年のスリーマイル島事故のせいで米国でその後三十数年間、原子力発電所が新設されることはなかったことが災いしている。

冷戦終結以降は、核兵器に充填されていた高濃縮ウラン（濃度は九〇％以上）から転換された安価なロシア産低濃縮ウラン（濃度は三～五％）が大量に輸入されたことで、米国のウラン濃縮企業が壊滅的な打撃を被ったことが関係している。

これとは対照的にロシアのウラン濃縮企業は「我が世の春」を謳歌している。

その中心的な役割を果たしているのは国営原子力企業ロスアトムだ。

ロスアトムはロシア原子力庁を母体として二〇〇七年に設立された。原子力発電所の運営、ウランの濃縮、原子力機器製造などを行う総合原子力企業に成長し、海外展開にも積極的だ。東京電力福島第一原子力発電所事故の廃炉事業（炉心溶融で発生したデブリの分析など）にも協力しており、日本支社が二〇一八年に設立された。

ロスアトムグループの中でウラン濃縮を担っているのは二〇〇九年に設立されたトベルフュエルだ。二〇二〇年時点で世界の濃縮ウランの約五〇%を製造し、各国と燃料供給契約を結んでいる。

米国政府は一時、ロスアトムへの制裁を検討したが、国内の原子力事業者に深刻な影響を与えることを危惧して、その実施を見送った経緯がある。

米国の原子力業界関係者は「ロシアの濃縮ウランなしではやっていけない」と指摘しており、代替供給先を確保するためには数年以上かかるとの見方が一般的だ。ロシア産濃縮ウランの迅速な穴埋めは不可能だと言っても過言ではない。

米国は五五カ所に九三の原子炉を擁する世界最大の原子力大国だ。発電量の約二割を原子力が占めている。「脱炭素」に大きく舵を切った米国政府は既存の原子力発電所を利用し続ける方針を鮮明にしている。二〇二二年四月、米国エネルギー省は国内で競争力を失った原子力発電所を支援する六〇億ドル規模の補助金制度の運用を開始した。米国政府としてはロシア産濃縮ウランの供給に支障が生ずるような事態はなんとしてでも避けたいというのが本音だろう。

ロシア産の化石燃料からの脱却が急務となっているEUも、二〇二〇年時点において天然ウランの約二割をロシアに依存している（Euratom Supply Agency 2020 annual Report）。英仏独などは自前でウランを濃縮できるが、東欧の旧ソ連製原発はロシア産燃料を使用しているケースが多いのが実情だ。

原発燃料を含めたロシア産エネルギーからの脱却は、予想以上に大きな困難を伴うことになるのではないだろうか。

ウクライナで深刻な原子力事故が起きたら

ウクライナ戦争が原子力に「とてつもない逆風」をもたらす可能性も高まっている。

ウクライナに侵攻したロシア軍は二〇二二年三月、一九八六年に爆発事故を起こした北部のチョルノービリ（チェルノブイリ）原子力発電所近辺に保管されていた使用済み核燃料などを接収し、ウクライナ最大の原子力発電所がある南部ザポリージャの周辺地域を掌握した。ザポリージャ原子力発電所は欧州最大の原子力発電所だ。原子炉六基、合計出力は六〇〇万キロワット、ウクライナの発電容量の二割を占める。ウクライナの電力会社職員はロシア軍に銃口を突きつけられながら操業を続けているとされている。

戦闘の際に原子力発電所の研修施設に火災が発生したが、稼働中の原子力発電所への攻撃は、放射性物資が周辺地域に広く流出する事態を招きかねない極めて危険な行為だ。

このことはロシアも批准している一九四九年ジュネーブ条約（一九四九年第一追加議定書）で攻撃が禁止されている「危険な力を内蔵する工物及び施設（原子力発電所など）」が攻撃目標となったことを意味する。

過去へ遡れば、建設中の原子炉が軍事攻撃を受けた事案はいくつかあった。イスラエル軍によるイラクのオシラク原子炉空爆（一九八一年六月）やテロリストによるフランスの高速増殖炉への対戦車ロケット攻撃（一九八二年一月）などだが、運転中の商業用原子力発電所が正規軍による地上攻撃にさらされたのは初めてだった。

ザポリージャ原子力発電所は一時、小康状態となったが、再び深刻な事態となっている。二〇二二年九月から、国際原子力機関（ＩＡＥＡ）の専門家が常駐しているが、事態が好転する兆しは見えていない。

ザポリージャ原子力発電所で稼働しているのは旧ソ連型の加圧水型原子炉だ。加圧水型は現在稼働している原子炉の主流を成す軽水炉の一つのタイプだ。ザポリージャ原子力発電所の建設が開始されたのは一九八〇年、旧ソ連型とはいえ欧米の加圧水型原子炉とほぼ同様の安全基準をクリアしていると言われている。

原子炉自体は航空機が衝突してもびくともしないように設計されていることから、現場の兵士たちは「原子炉は通常の攻撃で破壊されることはないため、放射能の流出などの深刻な事態を招くことはない」と考えているようだが、油断は禁物だ。

軽水炉には炉心の周辺で生じたトラブルを適切に処理しないと炉心溶融が起きるという弱点がある。東京電力福島第一原子力発電所の重大事故も炉心本体の問題ではなく、外部電源の喪失により引き起こされたものだった。

ウクライナでは一九八六年、チョルノービリで世界最悪クラスの原子力災害が発生している。想像したくないことだが、万が一、ウクライナで再び深刻な原子力災害が発生するような事態となれば、世界の人々は「原子力発電所は深刻な放射能漏れを起こす危険性がある」ことを改めて痛感することになり、その悪影響は計り知れない。

ブロック化が始まる世界のエネルギー市場

エネルギー市場ではブロック化の流れが急速に進みつつある。

ドイツは二〇二四年夏までに、調達元の多様化に加え、再生エネルギーの拡大が進めば、ロシアからの天然ガスの輸入割合を一割に下げられるとしている。

ドイツはロシアのウクライナ侵攻直前に、ロシアとの新しいガスパイプライン（ノルドストリーム2）の稼働を凍結するなど、脱ロシア依存に動き出していた。

ドイツはパイプライン輸送ではなく、ＬＮＧでの輸入を拡大する構えだ。ドイツ政府は国内でＬＮＧ輸入ターミナルの建設を進めており、二〇二六年には年間消費量の一割に相当する八〇億立方メートルを賄う計画だ。ＬＮＧの主要生産国であるカタールとの間で長期調達契約も締結した。

ＥＵも「天然ガスのロシア依存度（四割）を二〇二二年中に三分の一までに減らし、二〇二七年にロシア依存から脱却する」との目標を掲げている。決め手となるのはドイツと同様、ＬＮＧ調達の拡大だ。

窮地に追い込まれつつあるＥＵに救いの手を差し伸べているのは米国だ。

米国政府は「カタールなど他のＬＮＧ供給国とともに、二〇二二年の欧州へのＬＮＧ供給を一五〇億立方メートル追加することを目指す」と発表し、二〇二二年一～九月はロシア産減少分の半分を補った。とはいえ、二〇二一年のＥＵのガス輸入量合計（約三四〇〇億立方メートル）の四％強に過ぎず、力不足の感は否めない。

ＥＵがロシア産天然ガス依存からの脱却を確実なものにするためには、米国での天然ガス（シェールガス）の生産を拡大することが不可欠だ。

世界の供給量に限りがある中で、ロシアからの依存度を強引に下げようとすれば、ＥＵは割高な価格で天然ガスを調達せざるを得なくなる。そうなれば、ＥＵ域内のインフレに拍車がかかってしまうことだろう。

西側諸国の「ブロック化」の動きに対し、ロシアも中国への関与を強めている。

現在、ロシアと中国をつなぐ天然ガスパイプラインは二〇一九年に稼働した「シベリアの力（年間輸送能力は六一〇億立方メートル）」だけだ。ガスプロムは二〇二二年三月、モンゴルを経由する新パイプライン「シベリアの力2」の建設プロジェクトの具体化に着手したことを明らかにしており、完成すれば年間輸送能力五〇〇億立方メートルが追加される。これらのパイプラインの年間輸送能力は合計で一一一〇億立方メートルとなり、ロシアからの欧州への輸出量（一五五〇億立方メートル、二〇二一年）の三分の二以上になる計算だ。

だがロシアの欧州向けと中国向けの天然ガスの生産地は異なるため、その間をつなぐパイプラインの整備のために巨額の投資が必要となるとの課題がある。

ロシアのEU向けのガス供給量は半減したが、価格が高騰しているおかげでガス売却で得られる収入は安定している。ロシアはLNG輸出にも力を入れ始めている。

原油市場でもウクライナ危機のせいでブロック化が進んでいる。欧米から締め出されつつあるロシア産原油は、中国やインドなどアジアに向かい、アジアでシェアを失いつつある中東産原油は欧州に流れるようになっている。

このように、これまで世界のグローバリゼーションを牽引してきた金融とエネルギーの分野で分断が生じつつあるが、このことは世界経済にどのような影響を与えるのだろうか。

第二章

世界はグレート・デプレッションに向かう

グローバル化の終焉？

「ロシアのウクライナ侵攻は成長鈍化とインフレ高進という形で世界経済全体に影響を与える。長期的には世界経済の秩序を根本的に変える可能性がある」

このような見解を示したのは国際通貨基金（ＩＭＦ）だ（二〇二二年三月二五日声明）。

冷戦終結以降、世界経済のグローバル化は大きく進展した。大量の安い労働力を有する中国と大量の天然資源を持つロシアが世界経済に入ってきたことで経済のグローバル化は急速に進んだ。情報通信技術を活用したコンテナ物流システムの発達で企業のサプライチェーンは国境の壁を越えて拡大し、コスト面で最も適した国で生産された部品が国際的な物流ネットワークを通じて取引されて最終製品に組み立てられるという「世界最適調達システム」が定着した。

世界規模のサプライチェーンは災害などの影響で一時的には混乱したものの、バックアップ体制を整えることでその機能を維持できると考えられてきた。だが、ロシアのウクライナ侵攻を機に「コストを軸にした世界最適調達システムの時代は終わりを迎える」との懸念が高まり、サプライチェーンが分断化される世界を前提とした再調整が不可避になりつつある。

グローバル化を後押ししてきた「経済学」的な発想よりも世界経済を異なるブロックに分裂しかねない「地政学」的な発想が幅を利かすようになってきている。

「軍事力による国境の変更を行わない」「人権を尊重する」などのルールに基づく自由で平和な社会を志向してきた西側諸国が「ウクライナへの侵攻はこうしたルールを根底から破壊した」と一斉に非難しているのにもかかわらず、ロシア側はまったく耳を貸さない。

世界は今後、日本、米国、欧州連合（ＥＵ）など民主主義に基づき政府の市場への介入を抑制する「自由市場資本主義ブロック」とロシアや中国など専制的で政府による強い市場統制を行う「国家資本主義ブロック」とに分断され、両ブロックが互いに優位を競う時代になってしまうのかもしれない。

インド太平洋経済枠組み

米国が主導する新経済圏構想「インド太平洋経済枠組み（ＩＰＥＦ）」に参加する一四カ国は二〇二二年一二月、具体的な協力内容を詰める正式交渉を開始した。ＩＰＥＦの主なメンバーは日本、米国、韓国、インド、オーストラリア、インドネシアなどだ。

交渉分野は、❶デジタル経済を含む貿易、❷半導体供給などのサプライチェーンの強化、❸質の高いインフラやグリーン投資、❹公正な経済を促進するための税制・汚職対策、の四つだ。

参加する国々の国内総生産（ＧＤＰ）の合計は世界の約四割を占める。トランプ政権が環太平洋経済連携協定（TPP）から離脱して以来、インド太平洋地域での経済戦略を持たなかった米国がリーダーシップを取り戻そうと躍起になっている。

だが、TPPのような関税引き下げを含む貿易協定は米連邦議会の承認を得られないことから、今回のIPEFには関税分野の交渉が含まれていない。このため「参加国にとっては米国市場の開放という魅力に欠ける」との批判が出ている。それどころか、IPEFが掲げる四つのテーマの具体的な運用を誤ると、生産性の向上どころか、規制の強化によりコストの上昇につながる危険性があるだろう。

IPEFは経済効果の面でTPPと比べて見劣りするのはたしかだが、これまでの広域経済圏構想とはまったく異なる性質を有していることも見逃してはならない。

TPPは高度なレベルで統合された経済連携協定だが、中国のTPPへの参加申請が可能なように安全保障面で高い要求が課されているわけではない。

一方、IPEFは経済のレベルにとどまらない自由主義と民主主義の価値観を共有する国々の経済安全保障の枠組みであり、中国が加わることを当初から想定していない。

IPEFの目的が「中国への対抗を念頭に強靭で公平な経済の構築を目指す」ことであれば、特定国の排除を禁止する「関税及び貿易に関する一般協定（GATT）」第一条に定められた一般的最恵国待遇の原則に反するのではないかとの疑問が呈されている（二〇二二年五月三〇日付《ニューズウィーク日本版》）。

西側諸国はウクライナに侵攻したロシアへの最恵国待遇を取り消したが、ＩＰＥＦは戦争が起きる前から中国を交戦国扱いしていると言えなくもない。

中国のアジア支配に歯止めをかけたい米国には「ＩＰＥＦをインド太平洋版ＥＵのような価値観を制度で担保する政治同盟に発展していきたいとの思惑がある」と考えられる。ＩＰＥＦが自由市場資本主義ブロックに発展していく可能性は排除できない。これに刺激されてロシアや中国などが国家資本主義ブロックの形成を急ぐような事態になれば、世界経済の分断は決定的になってしまうだろう。

グローバル化がもたらした西側諸国の空洞化

グローバル化の不調は何をもたらすのだろうか。

ＩＭＦのゲオルギエバ専務理事は二〇二二年五月の世界経済フォーラム年次総会（ダボス会議）で、「世界経済は現在、第二次世界大戦後で最悪の状況にある。何十年にもわたって築いてきた経済統合が解消されれば、世界はさらに貧しくなる上に危険性も高まる」と警鐘を鳴らした。

《ブルームバーグ・エコノミクス》は二〇二二年五月二〇日、「グローバル化の反転加速が長期的に何をもたらすか」についての分析結果を公表したが、示されたのは「世界貿易の規模は中国が世界貿易機関（WTO）に加盟した一九九〇年代の水準に戻り、希少となった商品価格の上昇でインフレの高進が進む」という豊かさが大きく失われる世界だ。

WTOも、「国際社会がブロックに割れ、サプライチェーンが機能しなくなると世界の生産額の五％（約四兆ドル）が失われる」と警告した。グローバル化の反転で日本経済の規模に匹敵する額が消える計算だ（二〇二二年八月二二日付《日本経済新聞》）。

これまでグローバル化の弊害が指摘されていたが、実はブロック化の方がはるかに実害が大きい。

三〇年間続いてきたグローバル化の結果、西側諸国の「空洞化」が急速に進んだ。冷戦下では自国生産を優先するという政策上の要請があったが、それが不要になったことで、西側諸国は安い賃金、原料、エネルギー資源を求めて発展途上国に工場を建て、そこからより安い製品を輸入することでコストを大幅に下げることができた。多国籍企業はグローバル化の恩恵を享受し、莫大な利益を上げてきたが、安い海外産に頼ったことで西側諸国の空洞化は一気に進んだ。

西側諸国がモノをつくることをやめても、世界経済がドルを中心に動いている限り問題は生じなかった。自国でドルを発行できる米国はもちろん、他の先進国も経常収支が黒字であれば、手持ちのドルで海外から必要なモノを購入することができるからだ。

西側諸国はドルを世界で流通させるためにIMFや世界銀行などの場で主導権を握り、発展途上国が国際経済の秩序を乱すことがないよう、米軍が中心となって世界全体を監視し、供給網の維持に努めてきた。

経済制裁も秩序維持のための必須の手段となっており、西側諸国は軍事的な示威行為と制裁によって冷戦後の国際経済を支配してきた。

本来の豊かさは生産力の高さにあるはずだが、ドルを持っていれば世界中からモノを購入できる時代になったことで、豊かな国とはドルを持っている国ということになった。国力を表すとされるGDPはドルという貨幣量の多さで決まっている。

グローバル化によって世界の分業化は進み、多くの商品を生産しているのは発展途上国となった。ドルで評価されるGDPは西側諸国の方が大きいが、発展途上国がつくる部品がないとほとんどのモノがつくれなくなっている。

冷戦終了後の世界は、思想の違いを超えて旧東側諸国を巻き込み、経済面で参加国に恩恵をもたらした。その間に中国などに代表される権威主義国家は存在感を増し、世界のGDPに占める割合は飛躍的に高まった。

自らの実力に気づいた発展途上国が西側諸国の制裁をものともせず、国益に従い連携する動きが活発化しつつある。発展途上国が互いに協力すれば西側諸国に対抗することが可能だと気づけば、現在の体制は意外と脆《もろ》いのではないだろうか。

ウクライナ戦争のせいで西側諸国が支配できない経済圏が生まれる可能性もある。

前述したとおり、西側諸国の制裁により二国間の通貨を使った決済制度の導入が進んでおり、現在のドル基軸通貨体制を今後揺るがすことになるのかもしれない。貿易赤字を抱える米国のドルが世界市場から締め出されるような事態になれば、石油危機の時以上の猛烈なインフレが西側諸国で起きてしまう可能性は排除できない。

西側諸国が第三次世界大戦の勃発を恐れながらも戦争を継続する構えを見せているのは、「ロシアに譲歩して停戦することになればこれまで続けてきた世界支配が不可能になる」ことを恐れているからだと思えてならない。

スタグフレーションのリスクが高まる世界経済

新型コロナのパンデミックによる供給網が混乱している状況下で、ウクライナ戦争によりエネルギー価格が急騰した。

気がかりなのは世界経済を長期間にわたりコントロールしてきたとされる中央銀行の神通力に陰りが出ていることだ。

中央銀行が政策金利を引き上げれば、一般的な需要は抑制できるが、生活必需品であるエネルギーの需要はそれほど減少しない。

需要超過の状態がもたらすインフレであれば、利上げによる鎮静化が期待できるが、現下のインフレは供給制約の要素が強い。

金融引き締めがもたらす需要抑制の効果でインフレ圧力を徐々に減らしていけるかもしれないが、抜本的な解決のためには世界のエネルギー供給量を増やすしかない。中央銀行が万能だからと言っても、利上げをしてエネルギー供給を増加させることはできない。供給制約由来のインフレは金融政策では対応できないのだ。

さらに問題なのは、高インフレに焦った中央銀行が当初の想定よりも高い水準にまで政策金利を引き上げるリスクだ。「なんとしてでもインフレを抑える」と中央銀行が躍起になればなるほど、景気や雇用を急激に冷やす「オーバーキル」が生じるリスクが高まる。

「スタグフレーション」という言葉がよく聞かれるようになった。

スタグフレーションは「スタグネーション（停滞）」と「インフレーション（物価上昇）」を掛け合わせた造語で、景気後退の中で物価が上昇する状態を意味する。一九六〇年代の英国で生まれたスタグフレーションという経済用語が広く認識されるようになったのは、石油危機により世界が急激なインフレと景気後退に苦しんだ一九七〇年代だった。

不況の時は需要の落ち込みからデフレーション（物価下落）になることが多いが、原油価格の高騰の影響で不況にもかかわらず物価全般が上昇してしまった。

スタグレーションがいったん発生するとこれから抜け出すことは困難だ。通常の不況であれば金利を下げることで景気を刺激できるが、スタグフレーション下で金利を引き下げるとインフレをかえって悪化させてしまうからだ。

財政出動の余裕はなく、深刻な債務危機が生じていることから、スタグフレーションになれば一九七〇年代の時よりもはるかに深刻な状況になることが危惧されている。

インフレ抑制のための苦肉の策として、中央銀行の間で「自国通貨を上昇させることにより輸入品であるエネルギー価格を抑制する」との発想が生まれている。かつて「経済成長を促進するために通貨を押し下げている」と批判されていた中央銀行は「今は昔」だ。

このような状況で日本銀行だけが従来の金融政策をほとんど変えていない。日本銀行は「最近の輸入物価の上昇について円安の影響は大きくない」としているが、市場関係者からは「金融政策の転換が遅れれば、日本だけが輸入インフレを押しつけられてしまう」との悲鳴が上がりつつある。

生産年齢人口の減少とバブル発生

世界経済がインフレに転じている要因は、グローバル化の反転やエネルギー価格の高騰だけではない。世界の生産年齢人口（一五〜六四歳）の推移も関係していると筆者は考えている。

冷戦終了直後の中国には「無限の労働力がある」とまで言われ、「この労働力を活用すれば安価に製品を量産することができる」と考えた外資系企業が大挙して進出したことから、中国はあっという間に「世界の工場」となった。

だが安価な労働力が永遠に続くわけがない。二〇一〇年代後半に入ると中国でも労働力不足が表面化した。若い世代の価値観の変化も大きかった。現在の二〇～三〇代の若者はきつい仕事を敬遠する傾向が強く、サービス業での雇用が増えていることもあって、製造業の労働力の確保が困難になった。そこにダメ押しとなったのが少子化だ。中国の出生数は近年減少している。

米国でもコロナ禍で仕事を辞める人の数が記録的に増えた。

筆者が注目しているのは生産年齢人口が世界規模で減少し始めていることだ。国別で見ると日本が一九九六年、欧州は二〇一一年、中国は二〇一六年から前年比マイナスとなった。米国はプラスだが、二〇二〇年の増加数は約七〇年ぶりの低水準だった。

G20全体の生産年齢人口は二〇二一年に減少に転じたと筆者は考える。

世界の生産年齢人口が減少に転じた可能性がある中で経済成長を保つことができたのは世界的な低金利のおかげだった。高齢化が進む日本や欧州の長期金利がマイナスになったことで債務の増加につながる量的緩和などの景気刺激策を講じやすかった。

だが債務を増やし続けることで経済成長を維持し続けるという芸当は長続きしない。生産年齢人口が減少すればモノが足りなくなり、インフレになるのは時間の問題だった。

ウクライナ危機がインフレを引き起こし、その抑制のために金融引き締めモードになっているが、債務が急拡大した世界経済で債務危機が起きるリスクが高まっている。

国際金融協会（ＩＩＦ）は二〇二二年九月、「世界の債務の対ＧＤＰ比率が三五〇％に悪化した」と発表した。同じく翌二〇二三年二月の発表では、世界の債務は「三〇〇兆ドルをわずかながら下回った」というが、天文学的な数字となっている。

日本貿易振興機構（ジェトロ）によれば、中国の民間債務（家計＋企業）の対ＧＤＰ比率（二二〇・三％、二〇二二年六月末現在）と高齢化率（一二・六％、二〇二一年三月現在）はともにバブル期の日本を上回っている。

同じく米国の非金融部門（政府＋家計＋企業）の債務総額の対ＧＤＰ比率も一九三五年以来の高水準になっており（二〇二二年一二月二〇日付《ジェトロ・ビジネス短信》）、わずかな金利上昇で経済は破綻する可能性がある。

二一世紀に入り世界の債券市場はリーマンショックを経験したものの、マイナスリターンの年は少なかった。だがここに来て「世界的なインフレにより、物価上昇に敏感な債券を中心に価格が下落し、最悪の時期を迎える」との悲観的な見方が出ている。

「自業自得」の欧州のエネルギー危機

欧州では深刻な天然ガス不足となっている。

ノルドストリームはロシアからEUへのガス供給量の三分の一以上が通る地域最大のパイプラインが稼働を停止し、復旧の目途が立っていないからだ。

危機感を強めるEUの欧州委員会は二〇二二年七月二〇日、ロシアからのガス供給の途絶や大幅減少に備えた緊急計画案を公表した。他の地域からの調達や再生可能エネルギーの強化とともに、加盟国に対し「節ガス」を要請するなどの内容だ。欧州委員会は翌八月から二〇二四年三月まで加盟国にガス消費量を過去五年間平均と比べて一五%減らすよう提案した。

緊急計画案を提出したEUのフォン・デア・ライエン委員長は「ロシアがガスを『武器』として使っている」と繰り返し批判している。

これに対し、トルコのエルドアン大統領は二〇二二年九月、「EUの制裁に対し、ロシアが意趣返しをしている」とした上で「欧州で起きているエネルギー危機は、ウクライナ侵攻を理由にしたロシアに対する制裁が原因である」との見方を示した。

ロシアの軍事侵攻に充てられる資金を削減するため、EUは「ガスのロシア依存度を二〇二三年中に現在の水準の三分の一にまで縮小し、二〇二七年にロシア依存から脱却する」ことを決定している。EU最大のロシア産ガス需要国であるドイツも「二〇二四年夏までにロシア産ガスの輸入シェアを一割にまで下げる」と宣言している。最初にガスを「武器」に使ったのはEUであるのは事実だ。

歴史を繙《ひもと》けば、EUは一九七〇年代の石油危機をロシア産天然ガスをパイプラインで調達することで乗り切った。自らのエネルギー安全保障が向上したのはもちろんのこと、当時のソ連との関係も大幅に改善するとの副産物をもたらした。まさに「一石二鳥」だったわけだが、ウクライナ危機で事態は一変、「ロシアはけしからん」という感情論が席巻したことが災いして、EUのエネルギー安全保障の基盤は根底から覆されることになった。「長期的なガス供給を保証する」という建設的な関係を一方的に破壊してしまったEUが「ロシアがガスを『武器』として使っている」と主張するのは、「先に攻撃を仕掛けた自分に対してロシアが仕返しするのではないか」という後ろめたさのあらわれのように思えてならない。

だが、この失策のツケはあまりにも大きい。

ノルドストリームは米国政府が爆破した?

ドイツには全長五〇万キロメートルを超えるパイプラインが張り巡らされ、住宅、工場、発電所などにロシアの安価な天然ガスが供給されていた。ドイツでは一九七〇年代から天然ガスの大部分をロシアから輸入するようになったが、このことが問題になることはなく、むしろ、賢明な戦略だとさえ考えられてきた。

シュレーダー元首相とその後任のメルケル前首相も、ロシアからのエネルギー供給を万全にする対策に取り組んできた。その象徴と言えるのがロシアとドイツを直接つなぐ海底天然ガス・パイプライン（ノルドストリーム）だった。

ノルドストリーム1は二〇一一年から稼働を開始し、一一〇億ドルの事業費を投じたノルドストリーム2も二〇二一年九月に完成していた。

ノルドストリーム2について米国は「欧州のロシアへのエネルギー依存が強まる」として反対の立場を取ってきたが、ドイツは「ノルドストリーム2はあくまで民間事業だ」として、安全保障の問題と切り離す姿勢を貫いてきた。

ドイツが「脱原発」に踏み切った背景には二〇一一年の東京電力福島第一原子力発電所事故がある。ドイツ国内の反対運動に背中を押されたメルケル前首相は二〇一一年六月、当時一七基が稼働していた原子力発電所すべてを二〇二二年末までに廃止することを決定した。

ドイツが原子力に代わるエネルギー源としていたのはロシア産天然ガスだったが、ノルドストリームは二〇二二年九月下旬、合計四本のパイプラインのうち三本が破壊され、使用不能になってしまった。

犯行直後から西側諸国は一斉に「ロシアの犯行だ」と非難したが、これに対しロシアは、「自らは無実だ」と主張した。

その後、爆発に関する調査が西側諸国とロシア双方で進められたものの、ロシアの犯行を示す証拠が見つかることはなかった。

手詰まり感が募る中、米ジャーナリストのシーモア・ハーシュ氏が二〇二三年二月八日、

「米国政府が爆発に関与していた」と自身のブログで発表した。

ハーシュ氏は現在八六歳となるジャーナリストだ。ベトナム戦争のソンミ村の虐殺報道でピューリッツァー賞を受賞し、一躍有名になった。

ハーシュ氏は、計画に関わった匿名の関係者の話として、ノルドストリームの破壊工作は、バイデン大統領が国家安全保障チームと九カ月以上にわたって秘密裡に協議した結果、決定されたものだとしている。

サリバン国家安全保障担当大統領補佐官が中心となって、米軍、CIA、国務省などの担当者が参画し、ノルウェー政府・軍も関わったとされている。

破壊工作は実際どのように行われたのか。

バルト海で毎年行われている西側諸国の軍事演習「バルトップス（BALTOPS）」は二〇二二年六月に実施されたが、その際、米海軍のダイバーがC４爆弾と呼ばれる粘土形状のプラスチック爆弾をパイプラインに仕掛けた。そして三カ月後の九月二六日、この爆弾を破裂させた。ノルウェー軍が空中から潜水艦探知のために使うソノブイを投下し、ソノブイが発する信号に反応してC４爆弾を遠隔操作したという。

爆弾が設置されてから実際の爆破までに三カ月を要した理由についてハーシュ氏は、「バイデン大統領がリスクの大きさに恐れて爆破延期を命じていたからだ」と二〇二三年二月一五日付独紙《ベルリナー・ツァイトゥング》のインタビューで述べている。

米国政府やノルウェー政府はハーシュ氏の報道を全否定しているが、分析の深さが際立っていることから、筆者は「信憑性が高い」と考えている。

ロシアのウクライナ侵攻以降欧州では米国からの液化天然ガス（LNG）輸入量がロシアからのパイプラインによる天然ガス輸入量を大幅に上回る事態となり、二〇二二年上半期において米国はカタールを抜いて世界最大のLNG輸出国となった（二〇二二年七月二五日、米エネルギー情報局〈EIA〉発表）。ノルウェーからのパイプラインによる天然ガス輸入量もロシアからの輸入量を上回るようになっている。

筆者が注目したのは、この爆破計画がロシアのウクライナ侵攻の二カ月前（二〇二一年一二月）から検討されていたことだ。

この時点でノルドストリーム2の建設工事は完成しており、稼働が開始すれば、ドイツのロシア産天然ガスの依存度はさらに高まる状況にあった。

ハーシュ氏によれば、これを懸念したバイデン政権は、冬を迎えるドイツが苦境に陥ることを承知の上でロシアからの天然ガスの供給を途絶させることを画策したという。

これが事実だとすれば、同盟国に対する明確な背信行為だと言わざるを得ない。

「欧州の病人」に逆戻りするドイツ

ＥＵ最大の経済大国であるドイツが戦後最悪のエネルギー危機に直面している。ロシアのウクライナ侵攻前のドイツのエネルギー消費に占めるロシア産燃料のシェアが高かったからだ。最も顕著だったのは天然ガスの五五％で、原油は三五％、石炭は五〇％だった。

エネルギー危機のせいで企業倒産の波が広がっており、ドイツ経済研究所（ＤＩＷ）は二〇二二年九月、「ドイツは長期的なスタグフレーションに直面する可能性が高い」と表明した。ドイツはＥＵ全体の経常収支の黒字の過半を占めるなど群を抜くパフォーマンスを示してきたことから「欧州で一人勝ち」と長らく言われていたが、再び「欧州の病人」になってしまうとの懸念が生まれている。

一九九〇年に東ドイツ（当時）を統合したことが重荷となって、ドイツは二〇〇〇年代初頭まで経済が低迷した。「欧州の病人」と揶揄《やゆ》されていたドイツだったが、安価なロシア産エネルギーを確保することなどを通じて経済を再生させた経緯がある。

ガスプロムのアクセレイ・ミレル社長は二〇二二年一二月二八日、二〇二二年のロシアのパイプラインを経由した欧州向けの天然ガスの輸出量は前年比四五％減の一〇〇九億立法メートルとなり、ソ連崩壊後の最低水準（一九九五年の一一七四億立法メートル）を下回ったとの見通しを示した。

取引信用保険会社アリアンツ・トレードによれば、ドイツの産業界が二〇二三年に支払うエネルギーコストは二〇二一年から約四〇％も高騰する見通しだ。安価なロシア産天然ガスを活用して高成長を遂げてきたドイツ経済の競争力が大きく毀損する可能性が高まっている。

ドイツはロシア産天然ガスを「脱炭素」社会への「架け橋」として重要視していたが、ウクライナ戦争の勃発でその橋は無残にも壊れてしまった。

ドイツ政府は新しい天然ガスの供給先を見つけることに躍起になっている。ロシア産天然ガスの代替として米国やカタールなどが候補に挙がっているが、天然ガスを液体で輸送することになればコストは格段に高くなる。LNGの輸入に必要なインフラが未整備であることも頭が痛い。

ドイツ政府は再生可能エネルギー（風力や太陽光など）への移行を加速することにも力を入れているが、野生保護団体の反対や行政手続きの煩雑さなどが導入の進展を阻む壁となっている。ドイツ政府はさらに、数基の石炭火力発電所を再稼働することを決定するとともに、最後まで稼働していた原子力発電所三基の運転を停止し、「脱原発」を実現した（二〇二三年四月一五日）。

ドイツでは官民挙げてロシア依存脱却の取り組みがなされているが、当分の間、エネルギー価格が高騰するのを回避することはできないだろう。

危機に直面した英国は温暖化対策の見直しに着手

二〇二二年九月に英国の首相に就任したトラス氏は一〇月二〇日に辞任を表明した。首相就任から四五日しか経っておらず、在任期間は史上最短だった。

首相就任前のトラス氏はその政治スタイルからサッチャー元首相と比較されることが多かった。保守党の中興の祖であるサッチャーが遺した言葉の中で最も印象的なものの一つに「社会なんてものは存在しない。あるのは個々の男たちと女たち、家族だ」がある。

世界に先駆けて近代化した欧州では、伝統的な共同体に代わる「社会」という概念が生まれたが、徹底した個人の自己責任を強調するサッチャーは社会の存在を否定し、英国が第二次世界大戦後に築いてきた福祉国家体制に大ナタを振るった。

この考えは後に「新自由主義」と呼ばれるようになり、「すべての経済活動をできる限り市場の競争に任せるべきだ」とする経済思想となった。

サッチャー以来、英国は新自由主義の模範生だったが、トラス氏は経済成長を急ぐあまり、逆に墓穴を掘ってしまった。だが、社会という庇護《シェルター》を失ってしまった国民にとってはたまったものではない。

スナク元財務相が同一〇月、後任の首相に就任したが、短い期間にトラス氏が英国に残した負の遺産はあまりに大きいと言わざるを得ない。苦境に陥った英国経済を立ち直らせることは容易ではなく、歴史的な低さに下落した保守党の支持率を回復させることは困難だと言われている。

英国経済のリセッション入りは確実視されており、その長期化が懸念されている。窮地に追い込まれた英国政府はタブーの領域にも手を着けている。

ビジネス・エネルギー・産業戦略相のリース・モグ氏は二〇二二年九月、「政府は温室効果ガス排出量実質ゼロ化目標の達成に引き続き取り組んでいるが、ロシアが欧州でエネルギーを武器として利用する中、エネルギー安全保障を向上させ、企業や消費者に不当な負担を強いない形でこれを実現する必要がある」と述べ、二〇五〇年までに温室効果ガス排出量を実質ゼロにする目標の見直しに着手したことを明らかにした。

二〇一九年にメイ政権が世界の主要先進国に先駆けてこの目標を法制化し、続くジョンソン政権が二〇二一年の国連気候変動枠組み条約第二六回締約国会議（COP26）で主導的な役割を果たすなど、英国はこのところ世界の温暖化対策をリードしてきたが、未曽有の危機が襲来したことからエネルギー安全保障を優先せざるを得なくなっている。

八方塞がりの状況の英国だが、足元のエネルギー危機はリーマンショック以上の打撃を欧州経済に与えるとの見方が強まっている。欧州全体が危機に陥れば、国際社会における温暖化対策の優先度は一気に後退してしまうのではないだろうか。

欧州で「エネルギー版リーマンショック」が起きる?

欧州ではエネルギー産業が危機に陥っている。

ドイツ政府は二〇二二年九月、ロシアからのガス供給に支障が生じたことで経営不振に陥ったエネルギー大手ユニパーの国有化に踏み切った。ユニパーは調達する天然ガス価格が高騰したのにもかかわらず、割高なガス価格を消費者に転嫁できずに赤字が膨らみ、経営悪化に陥ってしまったからだ。ユニパーはドイツ政府から二〇〇億ユーロ（約二兆八六〇〇億円）の融資を受けたが、さらに追加の融資枠が必要になっていた。自国のガス供給制度の崩壊に直面したドイツではユニパー以外のガス輸入大手の国有化も待ったなしの状態となっている。

ガスを燃料としている電力業界にも大量倒産の波が押し寄せてきている。

電力業界も「逆ざや」に悩んでいるが、それ以上に頭が痛い問題が顕在化している。

「欧州の電力企業はヘッジ取引に伴う追加証拠金を少なくとも一兆五〇〇〇億ドル（約二二〇兆円）差し入れる必要があり、政府が支援しない限り、（金融）市場全体が機能を停止する恐れがある」

ノルウェーのエネルギー大手エクイノールは二〇二二年九月、このような爆弾発言を行った。エネルギー価格の高騰が電力企業の信用不安に飛び火し、欧州の電力業界全体を揺るがす問題になっていることを業界関係者が吐露した形だ。

欧州の電力企業を苦しめているのは先物取引市場で発生する「追加担保の拠出《マージン・コール》」だ。電力企業は電気を販売する際、価格下落リスクを回避するためレバレッジをかけたやり方で先物を売ることが多い。レバレッジとは担保として預けた証拠金の何十倍にも相当する資金を借り入れて取引を行うことを指す。

だが、予想に反して天然ガス価格が急騰したことで先物の損失が膨らみ、取引所に対し毎日のように担保の積み増しを迫られる電力企業が相次いでいる。「このままでは電気を販売して資金回収する前に手元資金がなくなってしまう」との悲鳴が聞こえてくる。

気になるのは、電力企業の救済に乗り出したフィンランドのリンティラ経済相が二〇二二年九月四日、「エネルギー版リーマンショックが発生してしまう」と発言し、電力業界が抱える問題を二〇〇八年の金融危機の引き金となった米投資銀行を引き合いに出して説明したことだ。

リーマンショックを題材にした映画が二〇一一年に米国で公開された（日本ではDVD販売のみ）が、そのタイトルは『マージン・コール』だ。金融技術が急速に発達した現在、危機は常にマージン・コールから始まると言っても過言ではない。

欧州中央銀行（ECB）は二〇二二年九月からエネルギー市場の流動性枯渇に対する金融機関の準備状況について調査を開始しているが、G20の金融当局で構成する金融安定理事会（FSB）は七月からこの問題を懸念していた。FSBは「ロシアのウクライナ侵攻によって引き起こされたエネルギー価格の変動が生産者の資金調達に困難を生じさせ、世界経済に桁外れの打撃をもたらす可能性がある。商品市場を注意深く監視する必要がある」との声明を発表したが、注目していたのはコモディティー・デリバティブ（金融派生商品）だ。デリバティブ市場ではマージン・コールが生じやすいからだ。欧州証券市場監督局（ＥＳＭＡ）も二〇二三年五月一二日、「欧州の天然ガスデリバティブ市場はロシアのウクライナ侵攻以降に透明性が低下し、少数の市場参加者による集中に流動性低下のリスクに直面している」との認識を示した。

リーマンショック後、世界の金融市場でデリバティブ取引に関する規制が強化されたが、エネルギー市場は小規模だったことから、規制が導入されることはなかった。いわば「野放し」状態にあったエネルギー市場だが、ロシアのウクライナ侵攻によりその規模が急拡大し、世界の金融市場にとって新たな脅威となってしまったようだ。

エネルギー危機が金融市場に変調をもたらした前例がある。

ノーベル経済学賞学者が運用に携わっていたヘッジファンドＬＴＣＭ（ロングターム・キャピタル・マネジメント）はロシア国債などへの投資を高レバレッジで行っていた。だが、原油価格の急落（一九九八年六月の米ＷＴＩ原油先物価格は一バレル＝一一ドル台だった）で経済が急激に悪化したロシアで一九九八年に財政危機が勃発、マージン・コールに耐えられなかったＬＴＣＭは破綻し、金融危機を恐れた米国政府が救済に乗り出す事態となった。

電力会社が天然ガスの先物取引から発生した損失が原因で破綻した例として、米エンロン（二〇〇一年）が有名だ。相場を読み違えたエンロンは粉飾決算を重ねるなどの延命策を講じたが、マージン・コールの嵐に勝てなかった。エンロンの破綻時の負債総額は四〇〇億ドル（五兆六〇〇〇億円）を超え、米国経済を揺るがす事態になりかけた。

いずれも最悪の事態にはならなかったが、欧州の電力企業のマージン・コールの規模（二兆五〇〇〇億ユーロ＝二一四兆五〇〇〇億円）は桁が違う。未曽有の金融危機が起こってしまうのだろうか。

「イージーマネー」時代の終焉

金融危機の火種は欧州ばかりではない。

グローバル化の進展期においては、安い商品と低水準の労働コストがインフレ抑制に寄与していたが、今ではそれが反転しつつある。ウクライナ戦争の下、グローバル企業は混乱した供給網の立て直しに追われ、労働需給の逼迫《ひっぱく》は賃上げを求める労働者側の力を強めている。以前のような物価の安定が戻る可能性は小さく、世界経済は様変わりしており、市場関係者の間からは「低利の資金、安い労働力、エネルギー安の時代は終わった」「過去二〇年の『グレート・モデレーション』は完全に過ぎ去った」との声が伝わってくる。

史上初の世界同時量的引き締め局面に入り、低金利で資金調達が可能だった環境は過去のものとなり、いわゆる「イージーマネー」の時代が幕を閉じつつある。

高インフレという環境は、多くの投資家にとって未経験の事態であり、不確実性がかつてなく高まっている。

「金融システムは『人類史最悪のクレジットバブル』が迫っている」

このような警告を発したのは、ブラックスワン的なイベントに備えるファンド（ブラックスワン・ファンド）を運用する代表者だ（二〇二二年六月四日付《ブルームバーグ》）。

中央銀行によるゼロ金利政策、さらにはマイナス金利政策は資産価値をかさ上げし、過剰な借り入れを奨励してきたが、金融当局は世界的に高まるインフレを相手に金融引き締めで闘っており、このクレジットバブルが破裂すれば、誰も聞いたことがないような大惨事に市場は見舞われるという主張だ。

世界の債券市場のセンチメントは既に悪化している。

《ブルームバーグ》は二〇二二年九月二日、総合指数が二〇二一年一月に記録した過去最高値を約二〇％下回り、グローバル債券市場は弱気相場入りしたと発表した。

世界の公社債価格を示す指標も二〇〇八年の金融危機時を下回っており、「米国債の四〇年間にわたる強気相場は終了した」との声も聞こえてくる。

「ロシアのウクライナ侵攻によって地政学リスクが高まり、世界の経済成長を牽引してきたグローバル化が後退したことでインフレに拍車がかかる」とのシナリオが急浮上している（二〇二三年三月二七日付《日本経済新聞》）。世界経済の分断により高インフレが定着し、金利が上昇する「債券受難」の時代が迫りつつある（同前）というわけだ。

市場全般で流動性を巡る状況が悪化しており、金融引き締め局面では米国債に限らず幅広い市場で流動性が低下し、下げ圧力が生じやすい。仏ソシエテ・ジェネラルが株式、米国債、原油の先物の売買動向をもとに算出した「流動性指標」によれば、二〇二三年五月現在、すべての資産で流動性の枯渇の目安となるマイナス1を下回る水準に落ち込んでいる。リスク資産の売却は既に始まっており、流動性の懸念で今後さらにこの動きが加速する可能性が高いが、中でも米国債市場の流動性が歴史的な水準にまで悪化している。

二〇二二年は世界中の債券の価格が急落し、最も信用度が高い国債までも売られる状況になった。投資家たちがこぞって世界の国債を売りに出したため、世界各国で国債利回りが急上昇した。

米バンク・オブ・アメリカ・グローバル・リサーチは二〇二二年九月二三日に公表した調査報告書で「二〇二二年の世界の国債からの流出額が一九四九年以来、七三年ぶりの大きさになる」との見通しを明らかにした。一九四九年と言えば、世界経済が第二次世界大戦からの復興についたばかりの時期だ。世界の国債市場のパフォーマンスの悪化ぶりは注目に値する。

史上初の世界同時金融引き締め局面に入り、低金利で資金調達が可能だった環境は過去のものとなった。スイス国立銀行が二〇二二年九月に金利を引き上げた結果、大規模な金融緩和を維持しているのは日本銀行だけになった。

冷戦崩壊以降、世界の金融市場は、西側諸国、特に米国政府が発行する国債が中心となって取引されてきた。取引される他の金融商品は国債との信用スプレッドをもとに値決めされていた。だが、高インフレという未経験の状況に世界の投資家たちが動揺し、市場の基準とも言うべき国債の信用にまで疑義を持ち始めたのだ。

西側諸国がロシア中央銀行が保有する外貨準備（米国債とユーロ債）を凍結した措置が海外投資家の米国債購入をためらわせている可能性もある。

国債市場は以前も不調になりかけたが、これを救ってきたのはオイルマネーだった。原油価格が上昇すると、オイルマネーは西側諸国の国債を積極的に購入し、流動性を供給するのが常だった。

産油国が毎年石油収入を元手に多額の米国債を購入することで基軸通貨ドルの価値が保たれてきたから、現在の国際通貨システムは「ペトロダラー体制」と呼ばれることがある。

ロシアのウクライナ侵攻に起因するエネルギー価格高騰のおかげで、石油輸出国機構（OPEC）の二〇二二年の原油輸出収入は九〇七〇億ドルとなる見込みだ。二〇〇〇年以降の年間平均五七七〇億ドルを大きく上回るが、「以前のオイルマネーブームのように西側諸国の金融市場は恩恵を受けることはないのではないか」という指摘がある（二〇二二年九月二三日付《ロイター》）。

「人権問題などで批判を受けやすいペルシャ湾岸諸国は将来、ロシアと同じように虎の子の金融資産が奪われてしまうことを恐れ、西側諸国への投資を控える」というのがその理由だ。一九七四年以来、ドル建てで石油取引を行ってきたサウジアラビアは原油価格の高騰で潤っているにもかかわらず、米国債を買い増す動きを示していない。

米国との関係が良好ではない国々の間では米国債離れが進んでいる。最大の保有国だった中国は米国債の売却を進めている。

前回（二〇一五〜一八年）の引き締め局面ではオイルマネーなどのおかげで米国の長期金利が急騰することはなかったが、今回はこの安全装置が働かない可能性がある。

世界の国債市場の歴史的な不調を目の当たりにして、投資家心理はリーマンショック以来、最低の水準になったと言われている。

世界の金融市場の基盤とも言える国債のバブルが崩壊するような事態になれば、世界規模で流動性ショックが起きるのは確実だ。

世界各地で不動産価格が下落、金融危機の火種に

インフレのせいで世界の中央銀行は金融引き締めに舵を切らざるを得なくなっており、これに連動して住宅ローンや社債金利の上昇も加速している。住宅ローンや社債金利は米国債の金利をベースとし、借り手の信用力などに応じて上乗せ金利《スプレッド》を加えて決まるからだ。

米連邦準備理事会（ＦＲＢ）のパウエル議長が二〇二二年九月に「住宅市場は著しく弱まっている」と語ったとおり、最も気になるのは住宅市場だ。米国ではローン金利の上昇と住宅価格の高騰で販売にブレーキがかかり、二〇二二年二月現在、新築一戸建て住宅の在庫が二〇〇八年八月以来の水準に膨らんでいる（二〇二二年三月二三日付《ウルフ・ストリート》）。

二〇〇八年、米国における信用度の低いサブプライム層向けのローン（サブプライムローン）の焦げ付きが世界的な金融危機の震源地となった。危機発生後にサブプライムローンの比率は急低下し、現在でも増加していないことから、債権の質は高まったようにみえる。だが、市場では新たな脆弱《ぜいじゃく》性が指摘されている。ローン組成の七割を占めるノンバンクの存在だ。二〇二一年の米住宅ローン組成額は四兆四四〇〇億ドル（約六二〇兆円）。うち七割をノンバンクが手がけている（二〇二二年九月七日付《日本経済新聞》）。大手銀行は世界金融危機後に住宅ローン事業から手を引いたからだ。

米抵当銀行協会（ＭＢＡ）が二〇二二年九月一四日発表した調査によれば、ＦＲＢの利上げ加速で住宅ローン金利は二〇〇八年以降で初めて六％を超え、前年比で二倍以上になり、住宅ローン申請件数は足元で一九九九年以来の低水準に落ち込んだ。

資本が潤沢ではないノンバンクは住宅ローン市場が崩れると途端に苦境に陥り、倒産するノンバンクが相次いでいる。ノンバンクは過去数十年のどの時期よりも財務上や経営上のストレスにさらされている。

ノンバンクは大手金融機関とは異なり、事業環境が悪化した際に頼れる緊急支援プログラムや預金による安定した資金がないことから、足元の倒産の波は二〇〇八年の住宅バブル崩壊以来で最悪となる恐れがある（二〇二三年四月二六日付《ブルームバーグ》）。

住宅市場の不調は米国だけの問題ではない。

二〇二二年、世界の主要な中央銀行は高騰するインフレを抑制するため、過去二〇年間で最も速く、かつ、最大規模の利上げを実施した。S&Pグローバルによれば、中央銀行の引き締めにより、債務を抱える政府、企業、家計に今後数年間で八兆六〇〇〇億ドルの追加金利負担が生じるという（二〇二三年一月一六日付《ロイター》）。

このような状況下でも、IMFは二〇二三年二月、「世界の中央銀行は金利をより高く長期にわたり維持すべき」と主張している。

「住宅ローン金利が二倍になれば住宅価格は二割以上下落する」との試算があるように、世界の多くの国々で不動産市場が揺らぎ始めている。

ハーバード大学のケネス・ロゴフ教授（経済学）は同年一月中旬、「金利の高止まりにより、二〇二三年から二四年にかけて世界の不動産市場は著しい価格下落に直面する」と警鐘を鳴らした（二〇二三年一月一八日付《ブルームバーグ》）。

過去二五年にわたって住宅ブームに沸いた隣国カナダでは住宅価格の下落が顕著になっている。カナダ最大の都市であるトロントの二〇二三年一月の住宅価格はピーク時から二二％低下した（二〇二三年二月六日付《ロイター》）。

この事態に危機感を抱いたカナダ銀行（中央銀行）は同年三月八日、G7（カナダ、フランス、ドイツ、イタリア、日本、英国、米国）の中央銀行としては初めて高インフレに対応した利上げを停止した。

カナダと同様、不動産市場が活況を呈していたオーストラリアやニュージーランドでも住宅価格の調整が本格化している。

世界最大規模を誇る中国の不動産市場は、政府の厳しい規制が仇となり、世界に先駆けて不調に陥った。その後、政府が刺激策を講じているものの、一向に改善していない。

前述のロゴフ氏は二〇二三年一月初旬に開催された米経済学会の年次総会で、「中国のGDPの六割を占める小規模都市の不動産価格が二〇二一年初めから一年足らずで二〇％も急落した」という分析結果を示し、市場関係者に衝撃を与えた。

欧州の不動産市場も悪化しているが、高いインフレ率が続いているため、欧州の中央銀行はFRBのように利上げのペースを落とすことができないのが悩みの種だ。

中でも深刻なのは英国の不動産市場だ。

英国の銀行ファリファックスによれば、二〇二二年一一月の住宅価格は二〇〇八年の金融危機以来の低水準となり、二〇二三年一月の住宅価格も引き続き下落した。住宅ローン金利の上昇に加え、数十年ぶりの厳しい生活費の高騰により、英国の住宅市場の崩壊が始まった可能性がある。

ドイツの二〇二二年一二月の住宅価格指数もピークの六月から五％低下し、下げ止まりの兆しは見えていない（二〇二三年二月六日付《日本経済新聞》）。

幸い、日本の住宅市場は低金利政策のおかげで変調をきたしていないが、住宅ローン金利は徐々に上昇しており、今後の動向には要注意だ。

住宅価格の下落はそれ自体、景気にとって大きなマイナス要因だが、金融システムに与える負のインパクトも忘れてはならない。

ＩＭＦは二〇二三年二月三日、「中国のＧＤＰの最大三割を占める不動産業の低迷が続けば、金融リスクを誘発しかねない」との懸念を示した。中国恒大集団のように巨額の債務を抱えて経営難に陥っている不動産開発企業が全土に遍在していることが背景にある。

ＥＵの金融リスク監視当局も一月二五日、「商業用不動産市場部門が急速に悪化して金融市場にシステミックリスクが生じる恐れがある」と警告を発した。

二〇〇八年のリーマンショックの発生メカニズムは「金利上昇で不動産関連の債権が不調となったことが災いしてクレジット市場が大混乱に陥った」というのが定説だ。

クレジット市場では貸出債権や社債など様々な信用リスクを加工して証券の形で売買する「証券化商品」や、信用リスクを原資産とする「派生商品《デリバティブ》」などが取引されている。クレジット市場は取引される金融商品が複雑なため、流動性が低くなる場合が多い。足元の状況は、金利急上昇のあおりを受け、「ひずみ」が再び蓄積しつつある。

二〇二三年一月二〇日付《ブルームバーグ》によれば、一月下旬時点で約一七五〇億ドル相当の不動産関連の債権がディストレスト（支払い不能に陥った状態）状態にあり、「クレジット市場はリーマンショック以降で最大の試練に直面している」との声が聞こえ始めている。

今後、世界の不動産価格の下落が進めば、亀裂が生じつつあるクレジット市場へのストレスがさらに高まり、最悪の場合、新たな金融危機が起きる可能性は排除できない。

リーマンショックが起きた際には「一〇〇年ぶりの大恐慌《グレート・デプレッション》になる」と世界は悲観的になったが、成長著しい中国経済に助けられて破局を迎えることはなかった。

しかし、第四章で詳しく述べるが、その中国も建国以来最大の経済危機が起きつつある。

今後、米国・中国・欧州などの経済が同時不調になった場合、世界経済を救ってくれる国は存在しない。インドが「第二の中国」として注目されているが、はたしてそうだろうか。

「第二の中国」になれないインド

世界一の人口大国となることが確実となったインドへの期待が高まっている。

ＩＭＦは二〇二三年五月二日に発表した「アジア太平洋地域の経済見通し」で、「今年は中国とインドが世界の経済成長の約五〇％を担う」との分析を明らかにしたが、ゼロコロナ解除後の中国経済の回復が芳しくないことと対照的に、インド経済は好調さを維持している。

ＩＭＦは二〇二二年一〇月の「世界経済見通し」でインド経済の今後五年間の成長率を六・五％と見込み、二〇二七年には日本を抜いて世界第三位の経済大国になると予測した。

グローバル企業の「中国プラスワン」戦略もインドにとって追い風だ。多くの国が中国一辺倒の投資に不安を感じる中、リスクの分散先にインドが選ばれるようになっている。

人口が増加し続けるインドは、二〇年前の中国のように、世界経済を牽引する存在になっていくのだろうか。

インドは人口が世界最多になるだけでなく、世界で最も若年人口の比率が高い国の一つとなっている。国連によれば、人口の半分以上が三〇歳以下で、全人口の年齢の中央値は二八歳だ（米国や中国の中央値は三八歳前後）。

だが、この「若さ」を強みとするためには、若年労働者に十分な雇用を創出できることが前提条件だ。十分なスキルを発揮できる雇用の場が提供できて初めて、若年労働力は成長の源泉となるからだ。

世界銀行によれば、二〇二一年のインドの一人当たりＧＤＰは二二五七ドルで、中国の一万二五五六ドルの六分の一に過ぎない。

中国は膨大な人口を先進国の製造業の労働資源として提供することで「世界の工場」となり、大成功を収めてきた。

だが、インドの製造業はお世辞にも競争力があるとは言えない。世界銀行によれば、製造業がＧＤＰに占める割合は中国が約二七％、ベトナムが約二五％であるのに対し、インドは約一四％に過ぎない。

気になるのは、二〇一八年にインドの一人当たりＧＤＰが隣国バングラデシュに追い抜かれたことだ。ＩＭＦによれば、二〇二八年にはバングラデシュは四一六四ドルとなり、三七二〇ドルのインドは四四四ドルもの差を付けられることになる。

バングラデシュの成長は縫製産業の躍進によるところが大きい。バングラデシュの縫製産業は過去二〇年の間に欧米のバイヤーが要求する厳しいコスト・品質・納期などに対応できる能力を身につけ、中国に次ぐ世界第二位の縫製品輸出国となった。バングラデシュでは多数の女性労働者が縫製産業に従事しており、その人的資本の水準はインドを上回るようになっている（二〇二三年四月一八日付《日本経済新聞》）。

中国をはじめとするアジアの国々は、労働集約型の製造業の製品輸出のおかげで多くの雇用を創出できたが、製造業に弱みを抱えるインドは慢性的な雇用不足に苦しめられている。

インドではここ一〇年、毎年七〇〇万～八〇〇〇万人の求職者が市場に参入してきたが、新規の雇用を満足につくることができなかった。このため、職にありつけない若者は農村にとどまるしかなく、インドでは全労働者の半数近くが農業分野に従事しているという。求人数が求職数に比べて圧倒的に少ないことから、若者は日々を生き抜くための低賃金の仕事に従事せざるを得ず、インドの人的資本の活用状況は低調のままだ。「宝の持ち腐れ」になっていると言っても過言ではない。

インドは今後一〇年で雇用を二億人増やす必要があると言われており（二〇二三年四月二〇日付《日本経済新聞》）、そのためには輸出指向の労働集約型製造業の競争力強化が不可欠だ。

モディ政権も「GDPに占める製造業の比率を二五％にまで引き上げる」との政策目標を掲げているが、「言うは易く行うは難し」だ。

製造業の活性化に焦点を当てた政策が一部で成功を収めているようだが、インフラ投資の強化や労働市場改革など、解決しなければならない課題が山積している。

残念ながら、識者の間でインド経済の今後を悲観視する声が強まっている。

その代表格はインド準備銀行（中央銀行）元総裁のラグラム・ラジャン氏だ。ラジャン氏は「高成長を見込める要因が見当たらず、インド経済は減速する」と手厳しい（二〇二三年四月一九日付《日本経済新聞》）。一九五〇年代から八〇年代にかけて、インドの経済成長は途上国の中で低かったため、「ヒンドゥー成長率」と揶揄されてきたが、この用語が再び囁かれるようになっている。

経済が失速すればインドの失業問題がさらに悪化するのは火を見るより明らかだ。

若年人口が社会の過半を占めるインドでは暴力事件が多発しており、過去には政権を揺るがす事態に発展したこともあった。豊富な若年人口は、インドにとって好機とともに脅威をもたらす「諸刃の剣」なのだ。
西側諸国はインドの人権状況を問題視し始めている。

米人権団体フリーダムハウスは二〇二〇年の報告書で「ニューデリーと北京の価値観の違いが曖昧になりつつある」と記述し、インドが中国のような強権国家に近づく可能性に警鐘を鳴らしている。二〇二一年には政治状況に関するインドの評価を「自由」から「部分的自由」に引き下げている。

インド政府が強権的な取り締まりに踏み切れば、人権状況を巡る西側諸国との軋轢《あつれき》はさらに激化することだろう。

グローバルサウスの代表として存在感を増しつつあるインドだが、世界を牽引する新たな盟主としての成長モデルを見いだせていないのが実情なのではないだろうか。

世界経済はグレート・デプレッションに陥ってしまうのか

地方銀行の経営破綻で始まった米国の金融不安が続いている。

二〇二三年三月から五月にかけて、シリコンバレーバンク（SVB）をはじめ、三つの銀行が立て続けに破綻したことへの警戒感が強まっており、日本でも「再び金融危機が起きるのではないか」との懸念が生じている。

二〇二三年五月時点で既に「リーマン超え」の数字が散見されるようになっている。連邦預金保険公社（ＦＤＩＣ）によれば、二〇〇八年のリーマンショック時は二五行が破綻し、債務の合計は三七三六億ドルだったが、二〇二三年に破綻した三行の債務の合計は五四八五億ドルに達している。

預金の安全性を心配する米国民の比率もリーマンショック時を超えている。米ギャラップが二〇二三年五月五日に公表した調査（四月三日から二五日にかけて実施）によれば、米国人の四八％が「（銀行などに預けているお金の安全性について）心配だ」と回答した。金融システムの脆弱性が意識される中にあって、頭が痛いのはＦＲＢがインフレ抑制を優先する政策を維持していることだ。

ＦＲＢは二〇二三年五月三日、〇・二五％の利上げを決定した。これにより政策金利は一六年ぶりの水準に達した（五・〇〜五・二五％）。

ＦＲＢは利上げの停止を示唆したものの、長期にわたって高水準の政策金利を維持することが確実視されている。

五月三日の記者会見で銀行破綻が相次ぐ現状について聞かれたＦＲＢのパウエル議長は、「我々は間違いを犯したことは十分に認識している」と述べた。米国の金融システムの専門家は、「四八〇〇に上る米銀の半数が破綻する可能性がある」と警告を発した（二〇二三年五月七日付《ZeroHedge》）。六月一五日、ＦＲＢは利上げを見送るも、年内にあと二回の利上げを想定していると発表した。

にわかに想定しづらい事態だが、米国で大量の銀行が破綻した前例がある。一九二九年九月の米株式市場の暴落で引き起こされた世界恐慌の最中、米国では一九三三年、多数の銀行が破綻に追い込まれた。

この事態を重く見たルーズベルト大統領は就任直後の一九三三年三月六日、四日間の全国銀行休業日（バンク・ホリデー）を宣言し、すべての銀行を閉鎖させて、取り付け騒ぎを沈静化させた。米国人にとっては忌まわしい記憶だが、悪夢の再来を予感させる兆しが出ている。

FRBの利上げが原因で米国全体のカネの流れが不振となっており、二〇二三年三月のマネーサプライ（M2）が前年同月に比べて四・〇五％減少した。

マネーサプライとは世の中に出回っているお金の量全体を指し、現金や普通預金に加え、解約が容易で決済手段として使える金融資産（定期預金など）が含まれるM2が代表的指標とされている。米国のM2は毎年増加するのが当たり前とされており、二〇〇八年の金融危機や二〇二〇年のコロナ禍でも増えていた。M2減少は第二次世界大戦後初めてのことであり、世界恐慌真っ只中の一九三三年一二月以来、約九〇年ぶりのことだ。このことからわかるのは、米国経済は今後深刻な状態になる可能性が高いということだ。

米国では「信用逼迫の局面になりつつある」との見方が広がっている（二〇二三年四月二一日付《ブルームバーグ》）。

ダラス地区連邦銀行が二〇二三年四月五日に公表した管轄地区の金融機関の融資態度調査（SVB破綻直後の三月下旬に実施）によれば、貸し出し態度を「厳しくした」との回答割合から「緩めた」を引いた値は三五・九となり、二〇二〇年の新型コロナのパンデミック発生直後の水準にまで悪化した。

金融機関の引き締めの悪影響を最も被るのは商業用不動産市場だ。

賃貸マンションやオフィスビルなどの商業用不動産の米国の市場規模は五兆六〇〇〇億ドルに達する（二〇二三年三月二三日付《フィナンシャル・タイムズ》）が、新型コロナのパンデミックで普及した在宅勤務のせいで常勤勤務者が減少したため、企業はオフィスの規模を縮小し、賃貸料が高い都心から離れる動きを本格化させた。

そのせいで、米国内主要二五都市のオフィスの空室率は軒並み上昇し、金利引き下げと相まって、商業用不動産の不良債権化が猛烈な勢いで進んでいる。

JBモルガンチェースによれば、二〇二三年四月時点における米国の商業用不動産住宅ローン関連の損失は、二〇〇八年の金融危機時に三五〇〇億〜四〇〇〇億ドル規模だったサブプライムローンの損失に迫る恐れがあるという。

商業用不動産に次いで問題視されているのは企業向け貸し出しだ。

長年続いた金融緩和の下で大繁殖した「ゾンビ企業」の大量倒産が懸念されている。

ゾンビ企業とは利払い・税引き前利益（EBIT）で金利負担分を稼げない企業のことだが、

米上場の時価総額上位三〇〇〇社の三八％がゾンビ企業だと言われている（二〇二三年四月二三日付《日本経済新聞》）。

資金繰りに窮したゾンビ企業が大量に破綻すれば、彼らが発行しているジャンク債（低格付け債）が前例のない規模でデフォルトすることになり、一〇兆ドル規模の米国の社債市場に深刻な打撃を与えることになりかねない。

住宅用不動産市場に波及するのも時間の問題だろう。

今回の金融不安は地方銀行から始まったが、ノンバンクの脆弱性への警戒感も高まっている。ノンバンクも地方銀行と同様、不動産市場への主要な資金の出し手だからだ。

米国の地方銀行やノンバンクが変調をきたしても、リーマンショックのような金融危機は起きないかもしれない。だが、不動産市況の悪化を通じてマネーが急激に収縮し、米国で深刻な資産デフレが起きる可能性が高いのではないだろうか。

米国の金融不安は欧州にも飛び火している。

スイスの金融大手ＵＢＳは二〇二三年三月一九日、経営不安が強まっていたクレディ・スイスを三〇億スイス・フラン（約四二六〇億円）で買収すると発表した。

ＵＢＳによるクレディ・スイスの救済は、リーマンショック後の規制強化で安全とみられてきた大手銀行さえもリスクが潜んでいることを浮き彫りにした。

筆者は「欧州の金融市場は米国以上に深刻な状況にある」と考えている。

インフレ率が米国よりも高く、各国で大規模なストライキが頻発していることから、賃上げがもたらす物価の上振れリスクが生じており、ＥＣＢは利上げを継続せざるを得ない状況となっているからだ。

商業用不動産についても、米国と同じような懸念を抱えている。ＥＣＢは二〇二三年四月、不動産投資ファンド（ＲＥＩＦ）の二〇二二年の第４四半期の純資産価値（ＮＡＶ）は一兆四〇〇〇億ユーロ（約一五〇兆円）となり、過去一〇年で三倍以上に膨らんでおり、金融安定のリスクになっているとの見方を示した。

さらにＥＣＢが二〇二三年五月二日に明らかにした調査結果によれば、ユーロ圏の銀行は今年第１四半期に予想以上に融資を抑制した。

欧州でも商業用不動産向け融資の焦げ付きが始まっている。Ｓ＆Ｐグローバルは二〇二三年五月八日、多額の債務の借り換えに苦戦しているスウェーデンの商業用不動産保有会社ＳＢＢの信用格付けをジャンク級（投機的格付け）に引き下げた。

このように金融不安の発生が危惧される欧州だが、さらに気がかりなのは米国のような破綻銀行を救済するメカニズムが構築されていないことだ（二〇二三年五月四日付《Zero Hedge》）。

リーマンショック時、世界の中央銀行は、迅速な金利引き下げなどの措置を講じて経済への打撃を減らすことができたが、「金融危機が再発しても、インフレが気になる中央銀行は、思い切った手段を講じることができないのではないか」との不安が頭をよぎる。

世界銀行は二〇二三年三月二七日、「世界経済の制限速度（インフレを引き起こすことなく長期持続可能な最大成長率）が二〇三〇年までに、この約三〇年間の最低水準まで低下する」との見通しを発表した。「欧米経済全体が深刻な資産デフレに陥り、長期にわたって不況にあえぐ（グレート・デプレッション）」との悲観的なシナリオが現実味を帯びつつある。

思い起こせば、一九三〇年代の経済危機は世界各国で政情不安を招いた。この悲劇が繰り返されることになるのだろうか。

未曽有の経済不況は深刻な政情不安に直結

二〇二二年一二月二六日、ロシアのメドベージェフ国家安全保障会議副議長（前大統領）が二〇二三年の一〇大予測を公表した。メドベージェフ氏は「年末は多くの人が荒唐無稽な未来予測を競うようにする」としているが、真意は定かではない。

筆者が注目したのは、❶英国がEUに復帰し、そのせいでEUが崩壊する、❷ドイツにネオナチ政権（第四帝国）が誕生し、フランスと戦争する、というものだ。

これらの予測は荒唐無稽というより、メドベージェフ氏の欧州に対する呪いの言葉のように思えてならない。ロシア政権の中枢がなぜ欧州に対して恨みつらみを募らせているのだろうか。

思い起こせば冷戦終結時に、大西洋からウラル山脈までの欧州全域の安全保障の確立と経済統合を目指す「欧州共通の家」という構想があった。

この構想はロシアの期待とは裏腹に遅々として進まず、メドベージェフ氏は大統領だった二〇〇九年当時、「協議する場すらできていない」と不満を漏らしていた。

ロシアはその後、二〇一四年にウクライナ領のクリミア半島を一方的に併合し、二〇二二年二月にウクライナに軍事侵攻したことで欧州との関係を決定的に悪化させてしまった。

かつての夢（欧州共通の家）がこなごなになってしまったのは自業自得だが、ロシアの欧州に対する思いは「可愛さ余って憎さ一〇〇倍」になったことだろう。

逆恨みを受ける欧州のロシアへの対応も感情的であったと言わざるを得ない。

「ロシアのウクライナ侵攻は絶対に容認できず、強力な対応が不可欠だ」と決断し、ロシア産原油や天然ガスへの依存の低減を強引な形で推し進めた。

経済制裁については「相手国にしかるべき経済的打撃を与える一方、それを科す国にとっての負担が重すぎてはならない」というのが自明だが、今回の欧州の経済制裁は後者の条件を満たしていない。

特に、価格の安いロシア産天然ガスは長年にわたり欧州諸国の経済成長を支えてきた。ＥＵはロシア産天然ガスの代わりに米国などからＬＮＧの輸入を増加させているが、ＬＮＧの価格はロシアからパイプラインで輸入していた気体の天然ガスに比べて桁違いに高い。ウクライナ侵攻前、ＬＮＧ価格はロシア産天然ガスの四～六倍だったが、二〇二三年五月現在の価格は侵攻前の二倍以上だ。欧州の天然ガスの備蓄確保も「二〇三〇年まで危機的な状態が続く」との悲観的な予測が出ている。

そのせいでEUは深刻なインフレに苦しみ、ユーロ圏の金融市場は不安定な状態になっている。生活費は高騰し、二〇二二年一〇月以降、計画停電の可能性も浮上した。

EUは自ら招いた未曽有のエネルギー危機で苦境に陥っているが、心配されるのは政治への悪影響だ。

多くの欧州諸国の政治は既に右傾化している。

イタリアではムッソリーニの流れをくむ党が政権を握り、ポーランドとハンガリーでは右派の政権が一段と独裁色を強めている。

エネルギー価格の高騰で経済が悪化すれば、極右勢力はさらに勢いづくことだろう。

中でも懸念されるのは英国の政情だ。歴史的な高インフレに直面する中、二〇二二年末から三三年ぶりの大規模ストが起き、発足したばかりのスナク政権の足元は大きく揺らいでいる。国民の暮らしぶりを好転させない限り、極右勢力が台頭する可能性は排除できない状況となりつつある。

二〇二二年一二月にクーデター未遂騒ぎがあったドイツの政情もけっして楽観できない。

「インフレがピークを打ち、景気の腰折れは回避できる」との見方が生じているが、悩みの種はウクライナからの避難民だ。

二〇二三年一月末時点でウクライナからドイツへの避難民は一〇〇万人を超えており、二〇一五〜一六年のシリア難民の数を既に上回っている。旧東独地域ではウクライナ難民への反発が広がっており、極右政党「ドイツのための選択肢（AfD）」の支持率は高まるばかりだ。内向化するドイツに対して盟友であるフランスは反発を強め、独仏関係は前例のない緊張関係にあるとの懸念が生じている。

スイスのシンクタンク、世界経済フォーラムは二〇二三年一月に公表した「グローバルリスク報告書二〇二三年版」の中で「今後二年間における最も深刻なリスクは物価高騰などによる生活費の危機だ」と指摘した。

生活費の高騰で不満が高まる中間層の怒りに正しく対処しない限り、世界規模で政治の危機が発生してしまうのではないだろうか。

世界各国で政情不安が広がることが懸念される中で、筆者は米国が最も深刻な状況になってしまうと考えている。

次の章では、冷戦終了以降、「世界の警察官」として国際社会を主導してきた米国の苦悩について述べてみたい。

第三章

内戦のリスクが高まる米国

エネルギー戦争の勝者となる米国

エネルギー大国ロシアが紛争当事者であることから、国際的にエネルギー価格が急騰し、世界規模でインフレ率が大幅に上昇する結果を招いている。

中でも天然ガスは最も「ホット」な商品となっている。欧州では二〇二一年初め以降、天然ガス価格が上昇し始めていたが、ウクライナ戦争後にロシアから欧州への天然ガス供給に不安が生じたことで欧州の天然ガス価格は高騰した。

二〇二三年に入り、記録的な暖冬のおかげで欧州の天然ガス価格はウクライナ戦争以前の水準にまで下落したが、天然ガス価格の動向に一喜一憂する状況が長期化することが懸念されている。

タンカーで輸送される原油は代替市場を見つけることは比較的容易だ。

だが、パイプラインで輸送されることが多い天然ガスはそうはいかない。代替先の開拓が困難な上に、ロシアから欧州に伸びる天然ガスパイプラインが今後「座礁資産（環境の変化で価値が大きく毀損する資産）」になってしまうことだろう。

欧州では二〇二二年六月から、米国の液化天然ガス（ＬＮＧ）輸入量が史上初めてロシアの天然ガス輸入量を上回るという事態が起きている。ロシアから欧州向けのガス輸送量が大幅に減少する一方、米国の二〇二三年の天然ガス生産量、ＬＮＧ輸出量はともに過去最高となる見込みだ。エネルギー価格の高騰は米国の消費者にとって打撃だが、シェールガス産業にとっては好都合だ。

米国のモノの貿易収支赤字は減少傾向にある。輸出が過去最大を記録したのが主な要因であり、中心的な役割を担っているのは原油や石油製品、天然ガスなどだ。

シェール革命により米国はエネルギー大国の地位に返り咲いたが、ウクライナ危機のおかげで今やロシアを抜いて世界最大のエネルギー輸出国となっている。

一方、ロシアも二〇二二年前半はエネルギー貿易で記録的な黒字を得ていたが、今後の見通しはけっして明るくない。ウクライナ侵攻前、ロシア政府幹部が相次いで「自国産原油の寿命が二〇年に満たない」と語っていた。

ロシアを石油大国の地位に押し上げたのは、西シベリアのチュメニ州を中心とする大油田地帯である。巨大油田が集中し、生産コストが低かったが、半世紀以上も大規模な開発が続けられた結果、西シベリア地域の原油生産は既にピークを過ぎ、減産フェーズに入っている（二〇一一～二一年の一〇年間で原油生産量は一〇％減少。二〇二一年四月二八日付《朝日新聞》）。ロシアが現在の原油生産量を維持するためには東シベリアや北極圏などで新たな油田を開発しなければならないが、二〇一四年のロシアによるクリミア半島併合に対する欧米諸国の経済制裁が続いている中では技術・資金両面で制約があり、期待通りの開発が進んでいない。

制裁によりロシアの石油産業を支えている西側企業の先進技術が利用できなくなる悪影響が

顕在化し、ウクライナ侵攻以前は二〇三〇年のロシアの原油生産量の予測は日量九一〇万バレルだったが、侵攻後は二〇二二年の生産量よりも二三％少ない日量七五〇万バレルに落ち込むとの予測が出ている（二〇二二年六月一日付《日本経済新聞》）。

ロシアの石油産業は同国の国内総生産（GDP）の一五％、輸出の四〇％、連邦財政の歳入の四五％を占める経済の屋台骨だ。旧ソ連崩壊を招いた大本の原因は一九八〇年代後半の原油価格の急落であると言われている。プーチン大統領の登場後に世界の原油価格は上昇し、ロシアは大国の地位に返り咲くことができたが、自国の原油埋蔵量の枯渇という未曽有の事態が生ずれば、再び苦境に立たされてしまう可能性がある。

ウクライナ危機は米国とロシアの代理戦争の様相を呈しているが、「エネルギー戦争の勝者は米国、敗者はロシア」との評価が固まりつつある。

米国を蝕む薬物被害

だが、社会に目を転じると、米国は「病める巨人」と言っても過言ではない。

米疾病管理予防センター（CDC）の下部組織は二〇二二年八月三一日、「二〇二一年の米国人の平均寿命は前年より約一歳短くなって七六・一歳となり、一九九六年以来の水準にまで落ち込んだ」との暫定値を発表した。平均寿命が短くなった要因の半分は新型コロナウイルスによる影響だが、薬物の過剰摂取なども大きな要因だ。

ＣＤＣが二〇二二年八月に発表したデータによれば、パンデミックが始まってからの二年間で、薬物の過剰摂取による年間の死者数は四〇％以上増加した。二〇二〇年三月までの一年間の死者数は七万五七〇二人だったのに対し、二〇二二年三月までの一年間の死者数は一〇万九二四七人となっている。

米国における薬物中毒死の問題は、新型コロナに劣らぬ深刻さだ。

モルヒネに比べて一〇〇倍の強さと言われる合成オピオイド系のフェンタニルなどが出回っていることが死者数が急増している要因だ。純度一〇〇％なら二ミリグラムで死に至るといわれている。

米国では以前から薬物使用が問題となっていたが、コロナ禍がこの問題をさらに悪化させた。パンデミック下で多くの米国人が精神的な苦痛や経済的な困窮、社会的孤立感などに直面し、これまで薬物に縁遠かった人まで中毒になったと言われている。

日本の国民皆保険制度のような仕組みが米国に存在しないことも薬物の使用を助長している。新型コロナウイルスに感染しても高額な医療費を払えない人々は炎症を抑えるために鎮静効果がある薬物の力を借りるしか手がなかったのが米国の実情だ。

年代別で見てみると死者が二〇代から五〇代の働き盛りの世代に集中していることがわかる。二〇二一年一二月に公表されたオピオイド啓発団体の調査によれば、一八～四五歳の死因の第一位が「薬物の過剰摂取」だ。薬物中毒死はこれまで白人の問題と言われてきたが、パンデミックの下で黒人の薬物中毒死も急増している。

全米安全評議会（NSC）によれば、生涯のうちオピオイドの過剰摂取によって死亡する確率は二〇二〇年時点で、自動車事故や自殺により死亡する確率より高くなっている。死に至らなかったとしても薬物中毒で働けなくなってしまった人は桁違いの多さで存在していることは間違いない。

オピオイドはもともとは専門医や病院での使用が一般的だったが、一九九五年に薬品メーカーが、医師の処方箋があれば誰でも近くの薬局で購入できるオピオイド系の鎮痛剤を開発したことがきっかけとなり、全米で常用者が広がった。

当初は依存性が低いとみなされていたが、その後社会問題化したことで規制が強化され、いったんオピオイド・ブームは鎮静化したかに見えた。だが二〇一〇年に改良を加えた同種の鎮痛剤が開発され、米食品医薬品局（FDA）がこの薬を認可したことから、再びブームとなった。

オピオイドが蔓延している背景には熾烈《しれつ》な競争社会という構造的な問題がある。通常の肩こりや腰痛よりも「不安とストレス」に起因する精神的な痛みを癒やすために大量に使用されているのだ。

米麻薬取締局（DEA）は二〇二二年八月、「カラフルに着色されたフェンタニルが米国の若者をターゲットとして使用されている」として警戒を促した。一八州で着色されたフェンタニルが押収されており、若者にも薬物被害が広がることが懸念されている。

「アヘン戦争」を米国に仕掛ける中国

フェンタニルはメキシコの犯罪組織が米国に持ち込んでいるが、「もともとの製造国は中国だ」と米国政府は考えている。

米連邦議会に設置された米中経済及び安全保障審査委員会は二〇二一年八月二四日、「中国からの違法なフェンタニルの流入に関する調査報告書」を公表した。同報告書は、❶米国に流入している違法なフェンタニルのほとんどは中国産であること、❷フェンタニルの原料が中国からメキシコに輸出され、メキシコの麻薬カルテルがフェンタニルを同国内で生産し、米国に運び込んでいること、❸これらの取引に関して中国のブローカーは中国の金融システムを利用したマネーロンダリングを行っている、と指摘している。

中国には米国に次ぐ世界第二位の製薬産業があり、中でも低価格のジェネリック医薬品や薬の原材料の生産能力が高いと言われている。欧米諸国に比べて規制も緩い。

DEAによれば、フェンタニル一キログラムの仕入れ価格が中国国内では三〇〇〇～五〇〇〇ドルだが、米国で売りさばけば一五〇万ドル以上の稼ぎになるという（二〇一九年一二月一八日付《ニューズウィーク日本版》)。

中国の麻薬産業は国際市場の過半数のシェアを握っているとされ、中国にとって「ドル箱産業」の一つだ。中国政府が麻薬の密輸に関与しているとの疑いが一九七一年から米国内で提起されており、「中国政府が黒幕である」との見方が半ば常識となっている(同前)。

中国からのフェンタニルの流入はオバマ政権時代から問題視されていたが、中国との間の外交課題として初めて取り上げたのはトランプ前大統領だった。

この問題が及ぼす経済的ダメージがあまりにも大きいとして、トランプ政権は二〇一七年一〇月二六日、オピオイド危機に対する「非常事態宣言」を発令し、処方箋を乱発した医師や闇ルートの販売業者の摘発などの厳罰措置を講じた。

トランプ氏は二〇一八年一二月一日、アルゼンチンのブエノスアイレスで習近平国家主席と首脳会談を行ったが、会談後にホワイトハウスが出した声明文には、最大の焦点だった貿易交渉の結果よりも前に、中国によるフェンタニルの規制強化が記述されていた。トランプ氏がこの問題を最重要視したのは、同氏の支持者が多いとされる「ラストベルト(アメリカ中西部から北東部に位置する、錆びついた工業地帯)」が全米で最も深刻な被害を受ける地域の一つだったからだ。

中国政府は二〇一九年四月にフェンタニルを危険薬物に指定し、規制すると発表したが、事態があまり改善されることはなかった。トランプ氏は同年八月、ツイッターの投稿で「習主席はフェンタニルの米国向け販売を阻止すると述べたが、まったくそうはなっておらず、多くの米国人がいまだに死んでいる」と非難した。

「悪質なフェンタニルの蔓延は米国に向けられた『アヘン戦争』である」と指摘する専門家もいる（二〇一八年八月二三日付《ロイター》）。米軍特殊作戦司令部が二〇一四年九月に公表した「戦略白書」の中で「『薬物戦』も一種の戦闘状態である」と位置づけているが、フェンタニルのように死に至るほど高い中毒性を有していれば、軍事目的の化学兵器とみなされてもおかしくはない。

DEAは二〇二二年一二月二〇日、二〇二二年に全国で押収されたフェンタニルは粉末で四・五トン以上、錠剤で五〇六〇万錠に上ったと危機感を示した。三億七九〇〇万人分の致死量に相当し、約三億三〇〇〇万人の米国人全員の命を奪うのに十分な量だ。

米国との貿易摩擦を回避する観点から、中国政府は二〇一九年からフェンタニルの輸出規制を若干強化したが、バイデン政権の圧力強化に不満を募らせる中国政府は、その報復としてフェンタニルに関する輸出規制を緩めている（二〇二二年一二月二七日付《ウォール・ストリート・ジャーナル》）。

中国側の動きが顕著になったのは、二〇二二年八月にペロシ連邦下院議長（当時）が台湾を電撃訪問した直後だ。

中国政府はフェンタニル規制関連の交渉窓口を閉鎖した。米国政府は駐米中国大使館などを通じて対話を求めているが、中国側は没交渉の姿勢を貫いている。

米国からの度重なる抗議に対し、中国外交部は「米国人による過度の薬物依存が問題だ。なぜ中国のせいにするのか」とけんもほろろだ。

ホワイトハウスで薬物問題を担当するグプタ国家薬物管理政策局長は二〇二三年一月二四日付英紙《フィナンシャル・タイムズ》のインタビューで、「中国とメキシコの犯罪集団が（米国での）フェンタニルの取引を拡大するのは時間の問題だ」と危機感を露わにしている。

米国社会の宿痾《しゅくあ》の悪化が進むとの不安が頭をよぎる。

「二一世紀版アヘン戦争」を仕掛ける中国に対する米国側の激しい怒りが、両国関係を危険なレベルにまで悪化させてしまうのではないだろうか。

米国の生産年齢人口の減少

薬物中毒に加え、銃犯罪の問題も深刻だ。

全米の銃犯罪データベースによれば、米国では二〇二二年上半期に発生した銃乱射事件（四人以上が負傷又は死亡した場合のみ）は三〇〇件を超え、約一万人が銃が原因で死亡している。このペースが続くと二〇二〇年の約一万九五〇〇人を上回る可能性があるという（二〇二二年七月五日付《フォーブス・ジャパン》）。

二〇二〇年の米国における子供や若者の死因のトップは銃器関連だった。銃が交通事故を上回ったのは史上初めてだ。

「米国人の二割が過去五年間に銃を用いた暴力を経験している」との調査結果もある（二〇二二年九月四日付《ファールス通信》）。

イエレン財務長官は二〇二二年六月、連邦議会に「銃乱射事件は経済も阻害されることから早期の対応を望む」と要請している。

新型コロナの爪痕も深刻だ。

米ジョンズ・ホプキンス大学によれば、二〇二二年五月一七日時点で米国の新型コロナによる累計死者数は一〇〇万人を超え、世界最多だ。死者数はスペイン風邪（約六八万人）や第二次世界大戦（約四〇万人）を既に上回っている。

米スタンフォード大学らは二〇二二年九月一二日、「新型コロナで約五〇万人の労働力人口が減少した」と発表した。

感染者数についても米国は世界第一位だ。米ジョンズ・ホプキンス大学によれば、二〇二二年七月二一日時点で約九〇〇〇万人を超え、全国民の三割近くが罹患しており、その後遺症が問題となっている。後遺症に対する効果的な治療法は確立されておらず、症状が数週間、場合によっては数年間続くことがあると言われている。

ＣＤＣは二〇二二年六月、「成人の約五人に一人が新型コロナの後遺症に悩んでいる」と分析している。

　米ブルッキング研究所は二〇二二年八月二四日、「新型コロナの後遺症で仕事に戻ることができない人は約四〇〇万人に上る」との調査結果を公表した。

　職務は果たすが心理的には仕事に集中していない「静かな退職者」が米国の働き手の約半数を占める可能性があることも、米調査会社ギャラップが二〇二二年六月に実施した調査で明らかになっている。在宅勤務の広がりで会社とのつながりが薄くなったことが指摘されているが、パンデミック禍で生命の危機を感じた多くの米国人が仕事を辞めて本当にやりたいことに打ち込んだり、ワークライフバランスを見直そうとしている側面もある。

　米国では新型コロナのパンデミックで職探しをしない非労働力人口は一億人を超えたが、事態が落ち着き始めた現在でもその状態が続いている。

　ウォルシュ労働長官は二〇二二年九月、「人手不足は経済にとってインフレ以上の脅威だ」と警告を発したが、米国経済は「コロナ後」に長期停滞を迎えるのではないだろうか。

米国はロシアとの「新冷戦」に勝てるのか

「米国とロシアの間で新冷戦が始まった」との指摘が頻繁に聞かれるようになったが、新冷戦の帰趨《きすう》を制する最大の要素は内政面の安定だ。

ウクライナ侵攻当初、「ロシアで早晩政変が起きる」「プーチン大統領は深刻な健康問題を抱えている」などの情報が飛び交っていたが、その後、鳴りを潜めている。

通貨ルーブルの相場が急回復したことで国民の安心感が広がっており、首都モスクワの人々の消費行動にも大きな変化は生じていないようだ。

ロシア人はルーブル相場を非常に気にすると言われている。ルーブルが強ければ平常心を保つことができるため、制裁の影響で西側諸国からの製品の輸入がストップしても、品質が落ちる中国製品で我慢している。制裁で最も打撃を受けている高所得層《エリート》たちの不満も今のところ反体制活動に直結するレベルではない。

ウクライナ侵攻開始から一年を経過してもプーチン大統領の支持率は八〇%前後で推移しており、侵攻前よりも高くなっている。少しぐらい生活が厳しくなってもロシア人は我慢強い。強い指導者の下に結集する傾向が強く、欧米から批判されても、プーチン大統領が一度決めたウクライナ侵攻を最後までやり遂げることを望んでいるからだとされている。

プーチン大統領は子飼いの政権幹部を懐柔しつつ行き過ぎた対立を未然に防ぐことで、政権内の求心力を高めることにも成功しているようだ。

プーチン政権の安定ぶりに対し、米国の内政の混迷ぶりは目を覆うばかりだ。

バイデン大統領の支持率は二〇二三年五月時点で就任以来最低に落ち込み、国民の過半数が再選を望んでいない（二〇二三年五月八日付《ブルームバーグ》）。

バイデン大統領は二〇二一年の大統領就任式で「民主党も共和党もない」と国民に対して団結のメッセージを送ったが、米国でその後に生じたのは分断の一層の激化だった。支持率の低迷に悩むバイデン大統領は、自らが推進する政策に異議を唱え続ける保守派への怒りを露わにした。バイデン政権を支持するリベラル派も保守派に対して非寛容かつ好戦的になっている。リベラル派にとって「敵」は今やイスラム過激派や中国・ロシアではなく、白人至上主義者だとの指摘もある。

こうした傾向は二〇一七年八月一二日のバージニア州シャーロッツビルで死傷者を出したネオナチの集会の頃から出ていたが、二〇二一年一月六日にワシントンDCで起きた連邦議事堂侵入事件で一気に高まった。

このような事態を受けて、米司法省は白人至上主義者や反政府活動家の脅威の増大に対応するため、国内テロ対策に特化した部門を新設し、米連邦捜査局（FBI）も白人至上主義者らを重点的に監視するようになっている。

米オックスフォード大学の研究チームによると、新型コロナのパンデミックで世界各国は第二次世界大戦以降最も大きく平均寿命を減らしているが、その中で最も大幅に寿命を縮めたのは米国だ（二〇二一年九月二八日付《日本経済新聞》）。二〇二〇年の米国男性の平均寿命は二・二歳低下した（女性は一・七歳低下）。世界で最もパンデミックに苦しめられる米国の男性たちは「なぜ自分がこんなひどい仕打ちを受けなければならないのか」と神を恨んだことだろう。世の中の不条理に悩む人たちが、極右主義者らがネットで拡散する「誤った物語」に吸い寄せられていく様を想像するのは難くない。

米民間調査会社ベネンソン・ストラテジー・グループが二〇二二年一〇月下旬に実施した調査で、有権者の四四%が「連邦政府は秘密結社に操られている」と回答したことが明らかになっている。

米国で陰謀論が蔓延しているのは「テロとの戦い」を通して連邦政府があまりにも巨大化してしまったことが関係しているとの指摘がある。一般の米国人にとって連邦政府は不可解な存在になったばかりか、安全保障《セキュリティー》の名の下に生活全般に介入してきたことへの反発もある(ジョージ・フリードマン『2020—2030 アメリカ大分断——危機の地政学』渡辺靖他訳、早川書房、二〇二〇年)。

一方、巨大化した連邦政府を支配しているのはテクノクラシーだ。テクノクラシーとは「イデオロギーや政治に無関心な専門家の手に政府の運営は委ねられるべきだ」という考え方だ。テクノクラシーを信条とする人々は「知性の力が世界を形作る」としてすべての領域において効率性の向上を目指している。だが、連邦政府の拡大のペースが速すぎたために、テクノクラシーに基づく統治が逆に非効率になってしまい、一般の米国人にとって不可解な存在になってしまった。

一般の米国人は「専門家は優秀だ」と考えているが、その専門家が統治しているのにもかかわらず、日々の生活は悪化している。この矛盾した状況に直面した多くの米国人は「専門家が意図的に失敗して自分たちを苦しめている」と理解するようになり、専門家が統治する連邦政府による陰謀論が盛んに喧伝されるようになっているというわけだ。

二〇〇一年九月に発生した同時多発テロ事件後、米国は海外で「テロとの戦い」に注力してきたが、二〇年が経った現在、「国内の白人至上主義者らが引き起こすテロが最大の脅威になる」という皮肉な事態となっている。

リベラル派の横暴

国内テロの脅威が高まる社会構造の歪みにも注目しなければならない。

「世界で最も危険な人物は、お金のない孤独な男性であり、私たちはそうした人を大量につくり出している」

このように主張するのは、ニューヨーク大学のスコット・ギャロウェイ教授だ。ギャロウェイ氏は「世界で最も不安定かつ暴力的な社会にはある共通点がある」と指摘する。それは「仕事や学校に所属せず、人間関係に乏しい、人生を悲観している若い男性が多い」ことだという（二〇二一年一〇月一日付《ビジネスインサイダー》）。

米国では最近、「学位のジェンダー格差」が問題になっている。一九八〇年以降、大卒者の数は男性よりも女性の方が多い傾向が続いていたが、この傾向はさらに加速し、過去最大となっている。最新のデータによれば、米国の大学に通っている学生の男女比は四対六だ。問題は白人の男子学生数が減少していることだ（二〇二一年六月一四日付《フォーブス》）。

知識社会が高度化するにつれ、仕事に必要とされる学歴や資格のハードルが上がり、高卒で中産階級の賃金を稼ぐことが至難の業となった。非大卒者は不安定な社会の中で経済的打撃を受けやすい。結婚相手が見つけづらくなり、地域社会も衰退している。

現在の米国では「学歴による生きがい格差」の弊害が顕著になっており、とどのつまりは絶望死だ。近年米国では薬物や自殺、アルコール依存症などによる死者数が急増して問題になっているが、この「絶望死」の多くを占めているのは、生きがい格差の谷に落ちた非大卒の白人男性だと言われているが、助けを必要としている彼らへの支援は乏しいままだ。

社会の勝ち組となった側にも問題がある。

大卒者などを中心に形成される現在のリベラル勢力は、人種差別などに関する議論を一切封じこめ、「正当」な意見しか発言を許さない傾向がある。リベラル勢力は寛容と選択の自由という価値観を大事にしてきたはずなのに、現在のリベラル勢力は若い世代ほど言論の自由よりも「正義の人々は道徳違反を目にすればとがめる義務がある」という信条が強い（二〇二一年九月二五日付《クーリエ・ジャポン》）。

進化人類学者のピーター・ターチン氏は「社会の不安定さの原因は高学歴者《エリート》が増えすぎたこ

とにある」と指摘する（二〇二一年八月一日付《クーリエ・ジャポン》）。現在の米国では高学歴を持つ若者が過剰生産されており、格差が拡大する中で数少ないパイの取り合いをしている。「自分がエリートだ」と自負する人ほど不満をためやすく、過激な思想に飛びつきやすいというわけだ。

だが、負け組たちの「嘆き」を受け止める政治土壌がなくなれば、彼らは暴力的な手段を用いて自らの怒りを表現する以外に方法はない。自らの民主主義の失敗を素直に認め、負け組たちを社会に再び迎え入れない限り、米国で国内テロの脅威がなくなることはないのではないだろうか。

米国を分断する「批判的人種理論」

著名な国際政治学者フランシス・フクヤマ氏も「米国を弱体化させ、衰退を招いた長期的な要因は海外というより国内にある」ことを認めている（二〇二一年八月二九日付《クーリエ・ジャポン》）。

フクヤマ氏は一九八九年に「歴史の終わり？」と題する論文を発表したことで日本でも有名だ。「歴史の終わり」とは、国際社会において民主主義が最終的に勝利し、安定した政治体制が構築されるため、政治体制を破壊するほどの歴史的大事件がもはや生じなくなる状況」を指している。今から考えればあまりにも楽観的な予測だったと言わざるを得ない。

フクヤマ氏も冷戦終了後に急速に分断化が進んだ米国の政治状況に危機感を覚えている。新型コロナウイルスのパンデミックに対処するため、一致団結しなければならないのに危機はむしろ米国の分断を深めていた。対人距離の確保やマスク着用、ワクチン接種などの公衆衛生上の措置に対する賛否までもが政治的な立場を示すものとみなされ、アイデンティティーを巡る争いにまで発展してしまった感が強かった。

フクヤマ氏は近年、虐げられ阻害されてきた人々（マイノリティー）が「尊厳」を求める社会運動（アイデンティティー政治）の動向について注目しているが、「米国の建国年を北米に初めて黒人奴隷が連れてこられた一六一九年とみなすか、独立宣言の一七七六年とするかの論争は、米国は国家としてのアイデンティティーを失いかねない」と頭を抱えている（同前）。

この論争を引き起こすもとになったのは「批判的人種理論」だと言われている。一九七〇年代後半に米国の法学界で登場した考え方であり、「人種差別が米国の法律や制度に組み込まれており、人種的抑圧はあらゆる機関に存在し、肌の色がすべてを決定づける」と主張する。この理論は本《もと》をただせばマルクス主義のフランクフルト学派の「批判理論」に辿り着く。フランクフルト学派の関心はもっぱら「なぜ世界で革命が起きないのか」という問いだった。彼らが辿り着いた結論は「現代の人間生活のあらゆる側面に支配の網がかけられており、『汚しているファクター』である既存の体制を徹底的に批判し破壊しなければならない」という考えだった。

米国の教師たちが奴隷制や人種隔離など米国史の暗部を積極的に教えるようになったことで、この考えは社会の変革を目指す若者たちに広く浸透した。

民主主義システムへの信頼感が低下

米国では最も裕福な人々がさらに裕福になっている。低賃金労働者はインフレで家計が圧迫されているものの、人手不足を追い風に歴史的な賃上げを勝ち得ている。だが、中間層の人々には明るい要素はほとんどなく、収入が伸び悩んでいる（二〇二二年一二月五日付《ビジネスインサイダー》）。

中間層の人々にとって悩みの種は富を築く伝統的な手段だった不動産価格が下落していることだ。一方、インフレがなかなか収まらず、賃金も停滞していることから、「現在の収入で生活費を賄うことができない」と痛切に感じている。

オンライン融資仲介大手のレンディングクラブが二〇二二年一二月に実施した調査によれば、米国人の六四％が「『その日暮らし』の生活を送っている」と回答している。一〇万ドル以上の収入がある人でも半数以上が「余力がない」と答えており、同社は「インフレの影響はすべての米国人の財布を蝕み、給料ぎりぎりの生活を送る人は過去最高水準に達している」と指摘している。

米国は「格差社会」から「国民総貧困」時代に入った感があり、「米国消費」の力強さは見かけ倒しの可能性があると言わざるを得ない。

米国では近年「政治の危機」が叫ばれているが、中間層が長期にわたって縮小したことが主な要因の一つだ。中間層がさらに苦境に陥ることで米国政治の不安定化が一層進むことが危惧される。

二大政党の「分断」が加速する中で、民主主義システムに対する信頼感が揺らぐ事態にもなりつつある。

トランプ前大統領の支持者が連邦議会議事堂を襲撃した事件から一年の節目に合わせて実施された世論調査で、米国人の五八％が「自国の民主主義が崩壊の危機にある」と考えていることが明らかになった（二〇二二年一月一三日付《ＡＦＰ》）。

建国の父たちが作った憲法は「抑制と均衡のシステムこそが自由と民主主義を持続させる」との考え方に立脚している。だが前回の大統領選挙で共和党側が「米国の選挙は不正であふれている」との主張を続けたことで、米国の選挙制度に対する信頼が大きく揺らいでいる。「制度」への忠誠よりも党派政治が優先する状況が今後も続くようであれば、米国の民主主義は機能しなくなってしまうだろう。

前回の大統領選挙で米国の民主主義は寸前のところで救われたが、次回、二〇二四年の大統領選挙では何が起きるかわからない。次回の大統領選挙でトランプ氏が再び共和党の大統領候補となり、接戦となれば、米国の民主主義は危機に直面するとの懸念が高まっている。

トランプ陣営は前回の敗戦の教訓から、アリゾナ州をはじめ一一の激戦州に自らを支持する州務長官を据えようとしていると言われている。

州務長官というポストは日本ではなじみがないが、州知事・副知事に次ぐナンバー3の公職だ。通常は目立たないが、選挙結果の確定作業を担うため大統領選挙で重要な役割を演じることがある。二〇〇〇年の大統領選挙でフロリダ州の票の数え直しの際に当時のキャサリン・ハリス州務長官（共和党）が決定的な判断を下したことは有名だが、二〇二〇年の大統領選挙でも「トランプ氏がジョージアの州務長官に選挙結果を覆すよう圧力をかけた」とされている。「激戦州の州務長官を押さえれば、民主党候補に得票数で劣っていても、結果を覆すことができる」との思惑がトランプ陣営にあるのではないかと言われている。

トランプ陣営を支持する人間が州務長官に就けば、米国の選挙制度自体の存続が危ぶまれるとの懸念が出ているのだが、もしこのようなトリックでトランプ氏が再選されたらどうなるのだろうか。

不倶戴天《ふぐたいてん》の仇敵《きゅうてき》とも言うべきトランプ氏が策を弄《ろう》して政権に復帰する事態は、リベラル派にとって悪夢以外の何ものでもない。「トランプ派とは別の地域・国に住みたい」との声が沸騰し、かつての南部諸州のように連邦から離脱する動きが出るかもしれない。

米国の政治的リスクは先進国としては飛び抜けて高く、経済協力開発機構（ＯＥＣＤ）加盟国の中では、今やトルコやコロンビア、メキシコなどと並ぶ高さだ。「危うい先進国」になってしまったと言っても過言ではない。

社会の分断に歯止めがかからない中、三人に一人の米国人が「民主主義を守るための政府に対する暴力は正当化できる」と考えている。このような風潮を反映して、リベラル派と保守派の間で内戦が起こる可能性を論じた書籍が何冊も出版され、話題を呼んでいる。人口よりも銃の数が多く、リベラル派と保守派が激しく憎悪し合う米国で、新たな内戦はまったくの「空想」ではなくなっている。

内戦勃発のリスクが高まる米国

「米国の分裂状態はベトナム戦争時代より深刻だ」との危惧が強まる中、「内戦のリスクが高まっている」と警告する専門家がいる。二〇二二年一月に『アメリカは内戦に向かうのか』（井坂康志訳、東洋経済新報社、二〇二三年）を上梓したカリフォルニア大学政治学部のバーバラ・ウォルター教授は「現在の米国は過去の内戦の事例を分析した結果から最も内戦が起きやすい国の一つだ」と主張する。

内戦は一つ一つに固有の事情があると考えられてきたが、ウォルター氏は過去三〇年間に起きた内戦を様々な指標（貧困や所得格差、宗教や民族の多様性など三〇以上に及ぶ）で分析した結果、二つの共通点を見つけ出した。

ウォルター氏が最初に掲げる指標は「アノクラシー」だ。アノクラシーとは「その国がどのくらい独裁的か、民主的か」を測る指標のことだが、民主主義が後退している国の人々は政府に対し強烈な不満を抱くという。ウォルター氏の主張を裏付ける世論調査も出ている。

シカゴ大学が二〇二二年六月三〇日に公表した報告書によれば、過半数の米国民が「政府は腐敗しており、自分のような一般人に不利になるような政策を仕組んでいる」と回答しており、「それほど先ではない時点で市民が政府に対して武装蜂起する必要が出てくると思うか」という問いに「イエス」と回答した比率は二八％に達したという。

ウォルター氏が二番目に挙げるのは「アイデンティティーに基づく政治集団化」だ。民族や人種などに依拠した政治集団の間でしばしば深刻な対立が起きやすいからだ。

ウォルター氏は「共和党が白人至上主義的な戦略を強化している」と指摘する。中でもトランプ氏のことを「民族アントレプレナー（異なる民族の対立を煽る者）」と称して警戒している。

白人至上主義の思想は米国の中に常に存在してきたものの、エスタブリッシュメントによってこれまで社会の片隅に追いやられていた。だが、トランプ氏は政権の四年間で中南米からの移民流入に厳格な姿勢を示し、白人至上主義の思想を積極的に否定しなかったことから、今や共和党のメインストリームの思想に取り込まれてしまったというわけだ。ウォルター氏は「民族アントレプレナーの主張は一般の国民にまで広く浸透しつつある」と危惧の念を抱いている。

二一世紀の「内戦」の形態

インフレの影響も見逃せない。人々のインフレに対する忌避感が高いことから、ポピュリズム的な要素が紛れ込みやすいからだ。

「インフレは民主主義を衰退させる」との指摘がある。インフレは一部の者だけが恩恵に浴する事態を生み出す。民主主義の基盤とも言える中間層の不満は高まるばかりだが、政府がインフレがもたらす不平等を是正する有効な手段を持ち合わせていないことが多い。このため中間層の不満が政治への不信に変わるのが常だが、このような政治状況下で活躍するのはプロパガンダを駆使するポピュリストだ。彼らが中間層の憎悪の炎をかき立てればかき立てるほど、社会に深刻な分断が生まれ、暴力が蔓延する。その結果、民主主義が麻痺してしまうというわけだ。

バイデン大統領はトランプ前大統領とその熱狂的な支持者を「民主主義の敵」「ファシスト」などと呼び、就任時に訴えた「分断の解消」とは逆行するレトリックを先鋭化させている。一方、トランプ前大統領はバイデン大統領のことを「国家の敵」と非難している。

両陣営の対立を決定的にしたのは、FBIによるトランプ前大統領への家宅捜索だった。

FBIが二〇二二年八月、トランプ前大統領の邸宅を家宅捜索した。捜索したのはトランプ氏がフロリダ州に所有する邸宅「マール・ア・ラーゴ」で、大統領在任中に扱った機密文書をホワイトハウスから持ち出した疑いが浮上した。

トランプ氏は「民主党リベラル派の攻撃だ」と主張、共和党も「司法の政治利用だ」と猛反発した。

FBIの家宅捜索について、米国の有権者の過半数が「バイデン大統領の私的なゲシュタポ（秘密警察）的な行為だ」と信じているという世論調査もある（二〇二二年八月二二日付《FNNプライムオンライン》）。民主党支持者からも疑問符が投げかけられた。

気になるのは猛烈なトランプ支持層からは「トランプ氏に対する攻撃は、真の米国人の愛国心に対する攻撃だ」との怒りの声が湧き上がっていることだ。トランプ氏の支持者が集まるSNSには当局への反発を示す暴力的な書き込み（「FBIを皆殺しにしろ」など）が相次いでおり、FBI捜査員協会は二〇二二年八月一一日、「捜査官への脅迫が急増している。法執行機関への暴力を助長するものであり、容認できない」と非難する声明を出す事態となった。

だが二〇二三年六月八日、フロリダ州の連邦大陪審は機密文書持ち出しや無許可保持、司法妨害など三七の罪状でトランプ氏を連邦裁判所に起訴した。有罪が確定すれば、連邦政府のいかなる役職にも就く資格を失うことになる。

先進国の中で突出して暴力事件が頻発する米国では近年、政治的暴力事件も多発するようになっており、「政治的暴力が蔓延する背景には共和党の一部に暴力を積極的に利用する傾向がある」点だ。

銃乱射事件については、国民の三割が「残念ながら自由な社会では受け入れなければならない出来事だ」と回答したとする世論調査もある（二〇二二年六月八日付《テレ朝ｎｅｗｓ》）。調査会社ユーガブが二〇二二年八月に実施した世論調査では、「米国人の四割以上が今後一〇年以内に内戦が起こると考えている」ことが明らかになっている。

内戦と言えば、一九世紀半ばの南北戦争を想起しがちだが、前述のウォルター氏によれば、米国で今後起きるであろう内戦は「反乱」の様相を呈する可能性が高いという。米国のように強力な軍隊を擁する国では政府に反発する集団は複数に分かれ、強力な正規軍との直接対決を避けつつ、テロやゲリラ戦を展開し、インフラや民間人などソフトターゲットを標的にする傾向が高いというのがその理由だ。「指導者なき抵抗」と呼ばれるもので、泥沼の状態が長期化しやすい。

このように米国の分断は決定的になりつつあるが、「世界の警察官」として君臨してきた米軍も深刻な事態に直面している。

歴史的な兵員不足に直面する米軍

二〇二二年七月三〇日、映画『トップガン　マーヴェリック』の日本国内興行収入が、公開六五日目にして大ヒットの目安とされる一〇〇億円を突破した。洋画では二〇一九年公開の

『アラジン』以来三年ぶりとなる。世界各国でも大ヒットしており、興行収入は一〇億ドルを超えた（二〇二二年六月二七日時点）。

『トップガン』は米軍のエリートパイロット養成校を舞台とするアクション映画だ。一九八六年に公開された前作と同様、主役はトム・クルーズが演じている。この映画は新型コロナのパンデミックの影響で公開が二年延期されたが、クルーズをはじめ俳優陣の迫真の演技のおかげで前作以上の大ヒットとなった。

前作が公開された一九八六年、米国では軍へ入隊を希望する若者が相次いだ。空軍をはじめ軍全体の採用活動は好調だったが、二〇二二年は異なる現実に直面した。

米空軍は二〇二三会計年度の募集締め切りの二〇二二年九月末を前に、映画の大ヒットとは対照的に新兵の採用に苦労していたのだ。カーレース会場などで入隊募集用の仮設テントを設けて懸命の求人活動を続けたが、新型コロナの影響や雇用市場の逼迫などのあおりを受けて、二〇二二年の採用予定数は例年のレベルに及ばない事態となった。

海軍や海兵隊でも志願者が減っているが、最も深刻な状況にあるのは陸軍だ。

二〇二二会計年度の兵員数は四六万六四〇〇人で、予想よりも一万人近く減っており、採用者は目標（六万人）まで四万五〇〇〇人不足しているという。二〇二三会計年度の兵員数は四四万五〇〇〇人にまで減少する可能性があると懸念されている（二〇二二年六月二一日付《インサイダー》）。

深刻な事態を目の当たりにしたオースチン米国防長官は二〇二二年六月、「米軍の戦闘能力が直接脅かされる恐れがある」と警告を発した。

米国はベトナム戦争から撤退した一九七三年に兵員の確保を徴兵制から志願制に移行した。その後半世紀にわたり、米軍はこのシステムの下で必要な兵員をなんとか確保してきたが、米国では現在、軍隊に入隊を希望する若者の割合が低下し、必要な数の若者を集めることができなくなっている。「米軍は徴兵制度廃止以来、最大の兵員不足に直面している」と危惧する声が出ている（二〇二二年一二月二九日付《Pars Today》）。

NBCニュースが二〇二二年六月に入手した米国防総省の内部調査によれば、入隊の意思を持つ若者は、入隊可能な若者のわずか九％に過ぎない。この数値は二〇〇七年以降で最も低くなっているが、若者の軍隊に対するイメージが悪化していることが大きく影響している。

世論調査によれば、米国の若者の半数以上が「兵役後、自分は感情的・心理的な問題を抱えている」と懸念し、これには米軍関係者の自殺が急増していることが関係しているという（二〇二二年六月二七日付《NBCニュース》）。

二〇〇一年の同時多発テロ後のアフガニスタン戦争やイラク戦争などで米軍の戦死者は七〇〇〇人を超えるが、自殺者数はその四倍以上の三万人超にも上り、心的外傷後ストレス障害（PTSD）などの精神疾患などが主な要因だとされている（二〇二一年九月一日付《毎日新聞》）。米軍内の二〇二一年の自殺者数は第二次世界大戦前からも含めて最大となっており、状況は悪化の一途を辿るばかりだ（二〇二二年四月一〇日付《Pars Today》）。

若者と軍隊との接点が少なくなっていることもマイナス要因だ。兵役経験がある親を持つ若者の割合は一九九五年に四〇％だったのに対し、二〇二二年六月現在は一三％にとどまっており、多くの若者は軍隊について何も知らず、「食わず嫌い」になっているとの指摘がある（二〇二二年七月二日付《スプートニク日本ニュース》）。

若者の軍隊忌避の傾向以上に深刻なのは、兵役に適する若者が減少しているという事実だ。米陸軍省は二〇二二年七月、「一七歳から二四歳までの若者のうち、兵役に就くことができる割合は二三％に過ぎない」ことを明らかにした。数年前は約三〇％だった適格者の比率が低下している最大の要因は若者の肥満化だ。

志願兵は貧しい家庭の若者が圧倒的に多い。入隊すれば給料がもらえる上、大学進学の際には奨学金も用意される。さらに移民の場合、入隊と引き換えに市民権を手に入れることができるなど、軍は貧困層にとって非常に魅力的な職場だった。

だが、米国では貧しい家庭ほど肥満率が高くなっている。日々の食事を安くてお腹いっぱいになる高カロリーのファストフードに依存せざるを得ない状況に置かれているからだ。この傾向はアフリカ系アメリカ人やヒスパニックで顕著だ。ＣＤＣによれば、二〇二二年五月現在、米国全体の成人の肥満率は四一・九％だが、黒人は四九・九％、ヒスパニックは四五・六％となっている。

このところ新兵に占めるアフリカ系アメリカ人やヒスパニックの比率が上昇していることから、米軍にとって肥満が「内なる敵」となってしまった。新兵の採用をめぐる危機的な状況を踏まえ、米軍は肥満の若者でも採用できるようにするため、入隊後に減量のための特別なプログラムを用意しているが、効果のほどは定かではない。

米国はロシアの侵攻を受けたウクライナに多額の軍事援助を行っているが、米軍兵士の家庭の一割以上が食料調達に問題を抱えているとの指摘がある。貧困化が進めば、現役の兵士の肥満化が急速に進んでしまうことが心配される。

かつての威光は消えつつあるものの、米軍は今でも世界最強の軍隊であることに変わりはない。米軍は最新鋭兵器の配備に余念がないが、優秀な兵員を確保できなくなれば、世界一の軍事力を維持することはできなくなってしまうだろう。

同盟国である日本は米軍の窮状を真摯《しんし》に受け止め、有事に対する備えをこれまで以上に高めていくべきではないだろうか。

米国で「黄禍論」再び

分断が深刻化する米国では、半数の国民が「米国は数年以内にグローバル・スーパーパワーではなくなる」と考えている（二〇二二年九月一五日付《BRICS information portal》）。代わって台頭するのが中国だ。米国では「中国が最大な競争相手になる」との警戒感が強まっており、共和・民主両党ともに「中国は民主主義の価値観にとって脅威である」との見方だけは一致している。

米中関係は二〇二三年二月四日にサウスカロライナ沖で中国から飛来した気球が撃墜されたことが仇となって、再び緊張の度を高めた。

米連邦議会下院は五日後の二月九日、中国の偵察用気球について「あからさまな主権の侵害だ」と非難する決議を全会一致で採択した。

米国で「中国の主権侵害」が問題視される中、中国資本による土地の買収を阻もうとする動きが全米で広がっている。

バージニア州では二〇二三年二月一四日、共和党のグレン・ヤンキン知事の強い後押しで、中国を念頭に置いた「敵対国」への農地の売却を禁じる法律が成立した。

サウスダコタ州では議会が中国など外国資本による農地の取得を厳しく審査する委員会を設ける法案を準備している（二〇二三年二月二〇日付《日本経済新聞》）。

テキサス州でも中国を念頭に置いた不動産取得を制限する法案が成立する見込みだ（同前）。

連邦議会でも農地への投資に関する対米外国投資委員会（ＣＦＩＵＳ）の審査機能を強化する法案の成立を目指す動きが生じている（二〇二三年一月二七日付《ジェトロ・ビジネス短信》）。

米農務省（ＵＳＤＡ）によれば、二〇二一年末時点の海外の個人・団体が保有する米国の農地は全体の約三％。国別ではカナダ、オランダなどが上位を占め、中国のシェアは外国人保有の一％弱にすぎない（二〇二三年二月二一日付《日本経済新聞》）。

中国勢力の土地取得に対する警戒の動きは「針小棒大」だと言っても過言ではない。「コロナ禍で生じた反アジア感情がさらに強まる」との懸念が出ているにもかかわらず、「中国脅威論」の嵐が各地で同様の動きを推し進めている形だ。

思い起こされるのは一九一三年にカリフォルニア州で成立した外国人土地法だ。この法律は日系人を閉め出すことが目的だったことから「排日土地法」と呼ばれていた。猖獗《しょうけつ》を極める「黄禍論《こうかろん》」を背景に一九二四年にはいわゆる「排日移民法」が米連邦議会で成立し、日米関係の悪化は後戻りできない状況になってしまった。

「歴史は繰り返す」かどうかは定かではないが、米中関係は今後急速に悪化してしまうのではないだろうか。

米国内で結束を生み出す「唯一のよすが」となりつつある中国だが、その内情はどうなっているのだろうか。

第四章

少子化と不動産バブル崩壊で衰退する中国

「ウクライナ危機の最大の勝者は中国だ」との主張は本当なのか

ウクライナ戦争が長期化するにつれ、「ロシアが窮すれば、経済の対中依存をさらに深め、ロシアは中国に従属する国家に陥っていくのではないか」との懸念が強まっている。

ロシアはたしかに軍事大国だが、国内総生産（GDP）は中国の一〇分の一に過ぎない。輸出入ともに中国に大きく依存しており、ウクライナ危機によりこの傾向はさらに強まることが予想されるからだ。

米国がウクライナ危機に深くコミットしてしまったために軸足を東アジアに移動できなくなり、「ウクライナ危機が長引くほど中国が有利となり、尖閣諸島や台湾問題などで対立する日本にとって由々しき事態になる」との危機感が強まっている。

習近平国家主席は二〇二二年二月上旬、北京冬季五輪の開催に合わせてプーチン大統領と対面で会談し、直後の共同声明に「両国の友情に限界はなく、協力する上で禁じられた分野はない」との文言が入ったことから、「プーチン大統領は中国の後ろ盾を得てウクライナ侵攻に踏み切った」ことが定説となっている。

だが、この発言が中国経済には大きなマイナスだった。

中国は「要請に応じてロシアを支援する」わけだから、米国は中国の動きを警戒し、「対ロ支援をすれば中国に制裁を実施する」との姿勢を示している。

西側諸国の経済制裁でロシアの資産が無価値となり、大きな痛手を被った世界の投資家たちは地政学リスクに敏感になり、「ロシアを支援する可能性がある中国に投資すれば、米国から二次制裁（制裁対象と取引を行った者を制裁すること）を科されるリスクがある」との心配から、対中証券投資の引き揚げが急速に拡大した（二〇二二年九月六日付《JAPAN Forward》）。

米連邦準備制度理事会（FRB）がインフレ抑制のために大幅利上げを続ける構えを見せていることから、人民銀行が市場介入を行っても人民元の下落は止まらない。

米国が構築した国際金融システムの恩恵を最も享受してきた中国企業は、今や米国をはじめとする海外マネー抜きには経営が成り立たなくなっている。

日本ではあまり語られることはないが、プーチン大統領の盟友関係が仇となり、中国経済は深刻な「金欠」状態になりつつあるのだ。

ゼロコロナ対策が招いた習近平指導部の危機

国際エネルギー機関（IEA）は二〇二二年九月一四日、「中国の原油需要は三〇年ぶりに減少する」との予測を示した。中国の二〇二二年の原油需要は前年比二・七％減の日量四二万バレル減少する見通しだという。中国の年間の原油需要が減少するのは一％減を記録した一九九〇年以来のことだ。

新型コロナ感染が拡大していた中国で都市封鎖《ロックダウン》が続き、同国の経済活動が鈍化したことがその要因だ。

原油需要を見る限り、中国経済は改革開放以来の危機に直面している。

二〇一九年の終わりに武漢市で新型コロナが発生して以来、中国政府は「ゼロコロナ」政策を断行することで、感染者を完全になくす対策を強力に推進してきた。

国内での新型コロナの感染が収束した成果を武器に、中国政府は「新型コロナの発生源は中国ではない」との主張を繰り返すようになった。ゼロコロナ政策は中国が自らの潔白を証明する手段と化したと言っても過言ではない。

ゼロコロナ政策の下での中国の新型コロナによる死者数は五〇〇〇人未満と圧倒的に少なかった。だが、欧米の研究者は「この数字は虚偽ではないか」と主張している。

中国のゼロコロナ政策はしばらくの間、有効に機能したかにみえたが、オミクロン株の登場で事態は急変した。過去一〇〇年で最も感染力が高いとされるオミクロン株が登場したことで、封じ込めは事実上不可能になってしまった。

中国製ワクチンの感染抑制の効果が低いことも頭が痛い問題だ。

有効性が高い海外のメッセンジャーRNAワクチンの導入が一時検討されたが、実施直前になって取りやめになったという経緯がある。その理由は「発展途上国に大量にワクチンを提供することで自国の技術力をアピールしてきた中国が外国製ワクチンを導入することになれば、自国の技術が劣っていることを認めることになってしまう」という極めて政治的なものだった。

ゼロコロナ解除でも経済のV字回復は期待できない

中国政府は二〇二二年一二月一四日、無症状感染者数の公表を取りやめ、事実上、ゼロコロナ政策を完全に撤回した。

ゼロコロナ政策は一〇月の共産党大会でも承認され、習近平指導部の看板政策だったが、一二月に入り、突如として大転換となったのは、二〇二二年の経済成長率が半世紀ぶりに低水準に陥ったことが主な原因だ。雇用難に苦しむ若者の抗議デモ「白紙デモ」に危機感を覚えた政府が突如その方針を転換するという予想外の展開だった。

「障害となっていたゼロコロナ政策が解除されたことで「中国経済は早期に成長軌道に戻る」との期待が国内外で高まっているが、はたしてそうだろうか。

筆者は「その効果が空振りになる可能性が高い」と考えている。

ゼロコロナ政策が突然解除されたことで、国民の間で新型コロナに対する警戒感がむしろ高まってしまったからだ。

ゼロコロナ解除後の中国で「新たな病気が蔓延している」との噂がネット上で広がった。病気の名は「幻陽症」。「自分が新型コロナで陽性になっているのではないか」との強迫観念に襲われ、体調を崩してしまう患者が病院を訪れるケースが急増した（二〇二二年一二月二三日付《Record China》）。

中国メディアによれば、二〇二三年の春節期間（一月七日から二月一五日まで）の合計旅客数は延べ約一六億人となり、事前の予測より五億人少なかった。二〇二二年より五割強の増加だったが、コロナ前の二〇一九年の半分強にとどまった。春節時に医療資源が乏しい農村などで感染が拡大することを警戒して帰省を控えた人が多かったとされており、国民の新型コロナへの警戒心が根強いことがみてとれる（二〇二三年二月一五日付《日本経済新聞》）。

そのせいだろうか、ゼロコロナ政策が解除されても、中国人の財布のひもは堅いままだ。

中国人民銀行によれば、二〇二三年一月の新規貯蓄額は前年同月比一五％増の六兆二〇〇〇億元（約一二〇兆円）となり、過去最高を更新した（二〇二三年二月一一日付《日本経済新聞》）。

春節前はボーナスを支給する企業が多いことから他の時期に比べて貯蓄が増加しやすく、二〇二二年一月の新規貯蓄も過去最高を記録したが、二〇二三年はさらに増加した。

専門家は「住宅や耐久消費財の購入需要の戻りが鈍い。持続的な消費回復のためには雇用状況の改善が欠かせない」と指摘する（同前）。

ゼロコロナ政策が解除されたことで北京市など大都市で就職フェアが多数開催されていたが、参加者は「多くは望めない」と考えていた（二〇二三年二月二二日付《ロイター》）。むしろ、雇用への不安が広がっている。中国の大手人材紹介企業が二月上旬に公表した調査によれば、「事務系従業員の約五割が年内に職を失うかもしれない」と心配している。

製造業の景況感もなかなか上向いてこない。

気になるのは、調査対象企業から「新型コロナの感染拡大により、離職者の穴を補充することができなかった」との声が相次いで寄せられたことだ（二〇二三年二月一日付《財新》）。

春節が終わった中国各地の製造拠点に出稼ぎ労働者が戻ってこない事態となった（二〇二三年二月二〇日付《ブルームバーグ》）。長期にわたるロックダウンや工場閉鎖で給料が支給されなかったことに出稼ぎ労働者が嫌気を差したからだとされている。

中国経済を支えてきた出稼ぎ労働者約三億人のうち、生産現場に復帰していない割合を示す公式のデータはないが、「春節で帰省した労働者の四割近くが故郷での仕事を希望しており、そのうち約一五％は既に職に就いている」とのアンケート結果がある（二〇二三年二月一七日付《ブルームバーグ》）。

コロナ禍前から中国の労働力は縮小しており、若者が安い賃金で労働集約的な製造現場で働きたがらない傾向も強まっていたが、コロナ禍がこれに輪をかけた形だ。

働き手を確保するためには高い賃金が不可欠だが、既に「中国の欧米との賃金格差は大幅に縮小している」との分析がある（二〇二三年二月七日付《フォーブス》）。

「生産コストの低さ」という長年の優位性が喪失しつつある中国では産業構造の高度化が待ったなしなのだが、思わぬ障害が立ちはだかっている。

バイデン米政権が発動した中国企業に対する半導体をはじめとする最先端技術に関する規制が大きな足かせとなっているのだ。

日本の大手電子部品企業である京セラが「米国の規制により中国はハイテク分野の製造拠点としても主導的な地位を失う」との認識を示したように（二〇二三年二月二二日付《フィナンシャル・タイムズ》）、中国で活動している製造企業がこぞって海外へ拠点を移転させる動きを加速させる可能性が高まっている。

「泣き面に蜂」ではないが、中国経済の屋台骨を担ってきた不動産業もかつての輝きを失ったままだ。

政府は規制から支援へと舵を切っているが、その効果を期待するのは早計だ。

二〇二三年一月の家計による住宅ローンの新規借り入れは前年比七割も減少した（二〇二三年二月一九日付《日本経済新聞》）。政府の指示を踏まえて銀行は住宅ローンを引き下げる対策を講じているが、住宅所有者による既存ローンの早期返済ラッシュを招くだけの結果となっている（二〇二三年二月二〇日付《ロイター》）。

製造業や不動産業が深刻な苦境に陥っていることをかんがみれば、ゼロコロナ政策を解除した程度で中国経済が急速に回復するとは思えない。

苦境に陥る不動産業界

不動産市場の不振も中国経済の足かせとなっている。

二〇二一年九月に中国恒大集団の経営破綻への懸念が明らかになったことを契機に、中国の不動産業界全体が窮地に追い込まれつつある。

恒大集団は香港市場に株式を上場する中国第二位の不動産開発企業だ。二〇二〇年の売上高は七二三二億元（約一二兆三〇〇〇億円）、日本最大手の三井不動産の年商の六・五倍に匹敵する（二〇二一年九月二一日付《株マイスター》）。

この巨大企業が苦境に陥った理由は、中国政府が二〇二一年八月に打ち出した不動産融資制限政策にある。恒大集団は銀行やノンバンクそれぞれ一〇〇社以上と取引があったが、金融引き締め政策のせいで資金の確保が困難となってしまった。

恒大集団は、二〇二三年三月二二日、ようやく債務再編計画を発表したものの、再建の目処は立っておらず、中国の不動産業界が改革開放以来、最大の危機を迎えている。中国経済の約三割を占める不動産セクターが不調に陥れば、中国経済が急減速する可能性は高い。

高騰が続く中国の不動産市場は過去に何度も「バブル崩壊の懸念」が警告されてきた。にもかかわらず、最近まで活況が続いていたのは「合理的バブル」のおかげだった。

最近の経済学の知見は、実質経済成長率（成長率）が平均貸出金利（貸出金利）を上回る状態が続く限り、資産バブルが持続することを明らかにしている。合理的バブルはこのような状況で発生するバブルにほかならない。

二一世紀に入り、中国の成長率は常に貸出金利を上回っていたが、二〇二一年から成長率が貸出金利を下回るようになった。二〇二二年も同様の状況が続いており、中国で続いてきた合理的バブルの条件が消滅した感が強い。

一件目の住宅需要のターゲットである二五〜三四歳人口が既に減少しており、住宅市場の早期回復は見込めないとの指摘もある（二〇二三年二月一〇日付《産経新聞》）。

このため、政府がいくらてこ入れ策を講じたとしても、中国の不動産市場が早期に回復することはないと筆者も考えている。

中国の金融機関の貸し出し姿勢も慎重になっている。中国の金融機関は政府が定めた年間貸出枠を満たすため、新規の融資ではなく低リスクの金融商品を買い占めている。より高い金利で独自の不動産ローンを発行して損失を拡大させるリスクを冒すよりも、融資に分類される低利回りの銀行引受手形（銀行が支払いを引き受けた為替手形。日本では主に貿易取引に利用されている）への需要が急増しているのだ。

不動産企業の返済余力が急速に悪化した影響で、短期資金を調達するコマーシャルペーパー（CP）の支払いを延滞している工事請負企業《サプライヤー》の数が増加したことも気がかりだ。CPとは企業が短期資金調達の目的で発行する無担保の約束手形（償還期間は通常一年未満）のことだ。中国の不動産開発企業は、現金支払いの代わりに将来の期日までに履行を約束するＣＰを請負業者に受け入れさせることが多い。請負業者は受け取ったＣＰに裏書きをすれば自社の支払いに利用することができる。中国ではＣＰが一〇回以上裏書きされることもしばしばだという。ＣＰを発行した不動産開発企業が支払期日が来ても支払わなければ、ＣＰの保有者は裏書きをしたすべての会社に支払いを請求できる。

このことはＣＰの不払いが元の債務の何倍をも凍結させ、その結果、裏書きをした無数の企業が倒産に追い込まれるリスクが生じることを意味する。不動産開発企業の不振のせいで、中国全土に「連鎖倒産の波」が起きかねない状況となっている。

資金繰りに窮したサプライヤーらは「窮鼠《きゅうそ》猫を噛む」ではないが、銀行ローンの返済を拒む動きに出ている。中国メディアは「恒大集団に資材などを提供していたサプライヤー数百社が同社から資金回収ができないことを理由に『金融機関への返済を停止する』と宣言した」と報じており（二〇二二年七月二二日付《日本経済新聞》）、不動産市場の不調は金融システムを揺るがす事態になりつつある。

住宅市場が今後大幅な長期調整を迎えるのは必至であり、中国経済のハードランディング・シナリオが現実味を帯びてきていると言えよう。

二〇二三年五月現在、中国の不動産市場の規模は約五五兆ドルと世界一だ。米国の二倍を誇る巨大市場に異変が生ずれば、世界の不動産市場に影響が及ばないわけがない。ドイツの

ＧＤＰにも匹敵する中国の不動産開発部門の不振が世界経済に与える影響は甚大なものになると覚悟すべきではないだろうか。

「賃下げ」の嵐が吹き荒れる中国経済

不動産市場の不調のせいで個人消費も冷え込んでいる。

二〇二三年五月現在、家計の資産に占める住宅資産の比率は六〇％前後と米国の二倍の水準となっている。既に二〇一八年時点で家計の負債は金融危機前の米国に匹敵する水準にまで上昇しており、不動産バブルの崩壊がもたらす逆資産効果の悪影響は計り知れない。

上海などの大都市では、ロックダウンが解除されても買い物客が猛烈な勢いで店舗に押し寄せるいわゆる「リベンジ消費」が起きていない。消費者が財布のひもを緩めようとしないことに市場関係者は頭を抱えている。

二カ月続いたロックダウンが実質的に解除された上海市で二〇二二年六月、公務員の減給状況が記された投稿がＳＮＳで拡散された。内容は「上海市の処長級の公務員の年俸は三五万元（約六九八万円）から二〇万元（約三九九万円）に減額された」「北京、天津などの大都市では二〇％近く給与がカットされた上に様々な手当も廃止された」などだ（二〇二二年六月一八日付《ダイヤモンド・オンライン》）。

公務員の減給について中国政府は公式見解を出しておらず、こららの投稿内容の真偽のほどは定かではない。投稿は既に削除されてしまったが、中国政府は公務員の減給を否定する見解を出していない。数字の正確さはさておき、このような事態が生じている可能性は高いようだ。

中国各地で公務員の賃下げラッシュが起きている背景に、地方政府の台所事情がある。

地方政府の財政は国有地の使用権を払い下げて得る収入に大きく依存しているが、使用権の買い上げ側である不動産企業が苦境に陥っていることから、払い下げが思うように進まず、収入が大幅に減少している。

中国の法律では、地方政府は払い下げ金の三割を中央政府に上納し、残りの七割を自主財源として利用できることになっている。払い下げ金が地方政府の歳入に占める比率は三〜四割に上ることから、払い下げ金の大幅な減少は地方政府の財政難に直結する。

この事態に困った地方政府は窮余の策を講じている。不動産企業に代わり、地方政府がインフラ資金などを簿外で調達するために設立した融資平台（資金調達事業体）を土地使用権の払い下げの受け皿にしており、融資平台の債務返済能力を巡る懸念が改めて惹起される事態となっている。

収入が減少する一方、支出面では新型コロナ対策の経費がかさんだ。

住民に求めるＰＣＲの検査費用は主に地方政府が負担している。これに加えてワクチン接種や入院費なども負担しなければならない。地方政府は拡大する一途の財政赤字を少しでも減らすため、やむなく公務員の減給に踏み切ったのだろう。

吹き荒れる「賃下げ」の嵐は公的部門にとどまらない。

景気の急速な悪化から、民間企業も軒並み賃金カットに乗り出している。

人件費を減らすために従業員に自主減給申請書の提出を求める動きが相次いでいる。五〇％もの大幅な自主減給を求めるケースも出ており、減給に応じない従業員は「自主辞職」を迫られることがしばしばだとの噂が流れていた（同前）。

住宅価格の値上がり期待が薄れるばかりか、猛烈な賃下げラッシュが起きているとすれば、個人消費が冷え込むのは当然だろう。

人口減少が始まった中国

満身創痍《そうい》の中国にとって最大の悩みは出生数の減少が止まらないことだ。中国の国家統計局が二〇二三年一月一七日発表した公式統計では二〇二二年通年で一〇〇〇万人の大台を割り込み、出生数が死亡数を下回り、総人口が六一年ぶりに減少に転じた。

中国政府は二〇二一年五月、一組の夫婦に対して三人目の出産を認めたが、効果はまったく出ておらず、人口政策当局は「短期的な解決は難しい」との見解を示している。

その理由は出産適齢期の女性の人口が減少しているからだ。二〇二一年の二〇〜三四歳までの女性人口は前年に比べ四七三万人減少したが（二〇二二年二月二三日付《人民網日本語版》）、出産適齢期の女性の人口が減少する傾向はさらに加速化するとされている。一九七九年に一人っ子政策が導入されて以来、最も出生率が高かったのは一九八七年だが、この年に生まれた子供たちが既に三五歳を過ぎてしまった。

日本ではあまり注目されていないが、衝撃的な調査結果が公表されている。

中国西安交通大学の研究チームは二〇二一年一〇月、「現在の出生率が持続する場合、四五年後には中国の人口は現在の半分の七億人にまで減少する」との調査結果を公表した（二〇二一年一〇月一日付《ハンギョレ新聞》）。

二〇一九年の国連の推計によれば、二〇六五年の中国の人口は一三億人を維持するとされている。合計特殊出生率（出生率）を一・七と仮定した結果だが、西安交通大学の研究チームは現在の出生率（一・三）を根拠としている。研究チームはさらに暗い展望を出している。今後出生率が一・〇まで低下すると仮定した場合、中国の人口が半分になる時期は二〇五〇年に前倒しされるという（同前）。

中国の現在の人口規模にも疑義が生じている。中国政府は「二〇二〇年の総人口は一四・一億人に増加した」と発表しているが、ウィスコンシン大学の易富賢氏は「中国の人口統計は一億人以上水増しされており、実態は一二・八億人ほどである。二〇一八年から人口減少が始まった」と見積もっている（二〇二一年五月一三日付《読売新聞》）。

古来、大国は国力の源泉として人口増にこだわってきたが、中国も世界第一位の人口と最大規模の人民解放軍を国の誇りにしてきた節がある。一九九二年時点で三〇〇万人の兵士を擁していた人民解放軍の規模は二〇二三年五月現在、二一九万人にまで縮小しており、中国人にとっての「国家の誇り」が消失しつつある。

中国は今後経済的にも軍事的にも制約を受けることになり、「二〇三〇年前後に中国のGDPが米国を上回る」とする予測は夢と消えてしまう。

一九五〇年代から六〇年代にかけての中国では、毛沢東の号令を受けて一組の夫婦が五〜六人の子供をもうけるのは当たり前だった。だが現在の中国では不動産価格や教育費の高騰などの影響で「子供は一人で十分」という認識が広く定着しており、政府の号令に従う国民はほとんどいない。

中国政府はさらに「医学的な必要がない人工中絶を減らす」方針も示しているが、「政府はそこまで介入してくるのか」と反発の声が上がっている（二〇二一年一一月七日付《CNN》）。

共同富裕が打ち出された理由

中国で少子化が進む最大の理由は養育費の高さだ。二二歳になるまでにかかる一人当たりの子育て費用は一〇〇万元（約一五〇〇万円）になるとの試算がある（二〇二二年三月一九日付《日本経済新聞》）。

少子化を食い止めるためには強力な支援策が不可欠だ。だが中国の著名エコノミストが「三一四〇億ドル規模の『出産奨励基金』を中国人民銀行が設立し、すべての子供に毎月現金を給付すれば、今後一〇年間で出生数を五〇〇〇万人増やすことができる」と提案したところ、中国政府は「現実性のない主張」と一蹴した。国民が過剰な期待を抱くことを恐れたからだと言われている（二〇二二年一月一三日付《ニューズウィーク日本版》）。

子育て支援を行う役目を担うのは地方政府だが、前述したとおり、財政は火の車だ。

中国政府がすべての夫婦に三人目の出産を認めたことを受けて、地方政府は相次いで子育て支援策を打ち出しているが、具体策で目立つのは産休や育休の拡充だ。子育て手当など家計に現金給付するケースは限られている。

財源が不足する中で、地方政府は景気対策のために減税を行い、さらにインフラ投資の増大も要求されている。「ない袖は振れない」のだ。

中国政府が不動産市場への締め付けを強めたのは養育費の中で大きな比重を占める住居費を下げるためだったが、これにより地方政府の財政悪化を招き、子育て支援策に事欠くようになってしまったのだとすれば皮肉としか言いようがない。

中国政府は住居費の次に大きな割合を占める教育費の抑制策として小中学生を対象とした学習塾を非営利団体にする動きを進めた（二〇二一年七月二五日付《日本経済新聞》）。

習近平国家主席は二〇二一年八月、「貧富の差を是正しすべての人が豊かになる『共同富裕』を目指す」と明言し、「高すぎる所得の調整」や「高所得層や企業に対して社会への還元を促す」方針を打ち出した。

中国政府はこれまで経済成長を重視し、一部の人や地域に「先富（先に豊かになれる者から豊かになれ）」を許してきた。だが所得格差を示す「ジニ係数」が社会不安を引き起こす恐れのある警戒ラインを大幅に上回る事態となっている。

習氏は二〇一七年の第一九回中国共産党大会で「党の正統性を損ないかねない格差を縮小し、国民の生活水準の改善に力を注ぐ」考えを示していたが、今やその推進に強い決意を固めたようだ。

「共同富裕」の特徴は、税や社会保険料などの通常の手段ではなく、政治的手段を使って富の再分配を図ることにある。合法的な収入であっても政府が「不合理」だと認定すれば「収奪」の対象になると懸念されている。

「共同富裕」は裾野の広い貧困層や一般市民からの支持を取り付ける上では絶大な効果を発揮するだろうが、「文化大革命」の時のように中国人同士の相互不信の構図が生まれるのではないかとの不安も頭をよぎる。

社会主義市場経済を掲げる中国では国家主導で成長が続いてきたが、今後は政府が成長を阻害する存在になる可能性が高まっている。

統治の正統性を担保するとされる経済成長を犠牲にするリスクを負ってまで、なぜ中国政府は「共同富裕」を鮮明にしているのだろうか。

「中国の人口問題が深刻化していることがその背景にある」と筆者は考えている。「共同富裕」の方針が示されると同時に「一組の夫婦に三人目の出産を認める」方針が打ち出されたことがその証左だ。

人口の急減に歯止めがかからなければ、政府が主導してきた産児制限の失敗が露わになり、指導部は前代未聞の政治的な激震に直面する。「ソ連崩壊も人口減速が要因の一つだった」と筆者は考えている。

少子化は、世界で最も速く進んでいる中国の高齢化問題も深刻化させることになる。中国国家衛生委員会は二〇二二年九月二〇日、二億人以上の中国版団塊の世代が六〇歳定年を迎え始め、二〇三五年には六〇歳以上の高齢者の割合が三〇%を超えるとの予測を出した。今後中国の社会保障経費は爆発的に増加する。中国の財政赤字は二〇二五年には一〇兆元(約一七〇兆円)を突破し、現在の二・三倍になるとの見通しもある(二〇二一年九月二七日付《日本経済新聞》)。「共同富裕」を最初にスローガンに掲げたのは毛沢東だった。人口問題を解決するために「喉から手が出る」ほどカネがほしい中国政府にとって、頼みの綱は建国の父である毛沢東の威光だったのではないだろうか。

労働力不足に悩む製造業

「安価な労働力」を武器に世界第二位の経済大国にのしあがった中国だが、二〇一〇年をピークに生産年齢人口（一五～六四歳）の減少傾向が続いている（二〇二二年六月二九日付《ジェトロ》）。「世界の工場」の役割を演じてきた中国の製造業は労働力不足に悩んでいる。

中国の労働市場では深刻なミスマッチが生じている。熟練労働者が極端に不足しており、その規模は約二〇〇〇万人に達している。政府が職業訓練教育の充実に努めてこなかったことが災いした形だ。

習近平指導部は資本主義の行き過ぎを中国から一掃するキャンペーンを展開しているが、筆者は「ＩＴ企業などサービス産業への締め付け強化は、政府が『重要ではない』と判断する分野の労働力を製造業にシフトさせる狙いがある」と考えている。

その根拠は、中国政府が二〇一七年に「脱虚向実」というスローガンを打ち出しているからだ。このスローガンが意味しているのは「政策を通じて実体の伴わない業界を排除する」ということだ。中国政府は、資金が実物投資に回らずリスクの高い金融資産投資に投じられることを「脱実向虚」と非難し、不動産バブルを抑制するための金融市場への規制強化を開始した。

強権的な手法を用いて経営難に陥らせ、従業員を解雇せざるを得ない状況に追い込むという、いかにも中国共産党的な荒っぽいやり方だ。

だが中国政府がいかに不退転の決意で「脱虚向実」を進めても、3K仕事に就かなくなった現在の中国の若者たちに製造業の仕事を無理強いしてもうまくいかないだろう。高学歴化がホワイトカラー志向を助長しており、地方の中小都市や農村の若者たちでさえ、親の世代のように厳しく管理されている工場での重労働はしたがらないのが実情だ。

その一方で大学卒業生は増加するばかりだ。二〇二三年の大学新卒者数は前年比八二万人増の一一五八万人の見通しで、史上初めて一〇〇〇万人を超えた前年に続き、就職市場にプレッシャーと試練をもたらしている（二〇二三年一月三〇日付《人民網日本語版》）。

中国国家統計局が二〇二三年五月一六日に発表した四月の主要経済統計によると、一六〜二四歳までの都市部失業率は二〇・四%にまで上昇し、若者の就職難が特に悪化している。大学を卒業する一二〇〇万人のうち、就職先が決まったのは半分以下だろう。

歴代の中国政府にとっての最優先の政策課題は雇用の確保だった。

一九七〇年代半ばまでの毛沢東統治下の中国では統制経済が敷かれ、働ける人すべてが仕事に就くことができた。その後に行われた市場改革の時代に失業者は発生したが、高成長に恵まれたおかげで政府は雇用の場を提供することができた。

世界的な金融危機が起きた二〇〇八年の際にも積極的な財政金融政策を断行し、政府は雇用の確保をなんとか維持してきた。

だが、現在の政府に打つ手は限られている。これまでに膨大なインフラ投資を行ってきた反動で財政金融政策の効果は激減している。二〇〇一年の世界貿易機関（WTO）加盟以来、経済を支えてきた輸出セクターも陰りを見せている。

中国政府は引き続き雇用の確保に尽力するだろうが、これまでのように国民全員に雇用の場を提供することはできなくなっている。中国は建国以来最悪の失業危機に直面していると言っても過言ではない。

都市の中産階級の不満が中国政府を揺るがす

中国では各地で「物件が引き渡されていない」ことを理由にマンション購入者が住宅ローンの返済停止を主張する動きが広まっている。

中国では新築マンションの竣工前に購入契約を済ませることが多い。入居前から住宅ローンの返済が始まることが通例だ。だが、恒大集団など経営危機に陥った不動産企業が建設工事をストップさせる事例が相次いだことから、マンション購入者の間でかつてないほどの不満が高まっていた。

ローンを払っているのにマンションが完成する前に不動産企業が倒産してしまったら元も子もない。権利意識に目覚めた都市部の中産階級が物件引き渡しの遅れに抗議するため、「住宅ローンの返済拒否」という自衛手段に出ているというわけだ。

中国の民間調査会社によれば、工事の停止で引き渡しが遅れているマンションに関連する住宅ローンは二兆元（約四一兆円）に上るという（二〇二二年七月一九日付《日本経済新聞》）。

返済拒否の動きが沈静化しなければ、金融機関の貸出残高の二割を占める住宅ローン全体が不良債権化してしまうリスクが生じる（同前）。

低迷が続く不動産市場の問題は金融システムに悪影響を及ぼし始めているが、社会不安、ひいては政治不安の火種にもなりうる可能性がある。「支払い拒否」という現象は、都市の中産階級が中国政府に「ノー」を突きつけているあらわれだからだ。

河南省鄭州《ていしゅう》市で二〇二二年七月、地方政府や金融機関に抗議する一〇〇〇人超の預金者が「習近平の『中国の夢』は破れた」「李克強（当時の首相）はカネを返せ」などと主張し、抑え込もうとした当局の関係者と衝突して多くのけが人が出る事態となった。

中国ではその後も中小銀行の破綻が続いた。

中国政府は従来、こうした抗議デモが発生しないように厳しく抑え込んできたが、厳格すぎるコロナ対策への不満や景気減速による経済難などが災いして各地で抗議活動が起きた。当局はこうした動きの広がりに神経を尖らせているが、気になるのは抗議者たちの要求の内容だ。

預金凍結に反対してデモ行進や集会を粛々と実施していたところに白ずくめや黒ずくめの服を着た暴漢が襲いかかったことから、中国人民銀行鄭州支店前に集結した預金者たちは「暴力で預金者に対応する省政府に抵抗する。人権と法治を要求する」「預金がなければ人権もない」

とのメッセージを発するようになったのだ。

「中国人は豊かになっても民主主義や人権に対する意識は低いままだ」と揶揄されてきたが、「虎の子」である自らの財産が奪われるとなれば、話は違う。一〇年以上前の中国では地方政府が暴力を振るって農民から土地を収奪する事件が相次いでいたが、習近平政権誕生以降はこのような暴力沙汰は鳴りを潜めていた。だが、あろうことか、都市部の中産階級に対してかつてのような暴力事件が起きてしまった。

「懐の豊かさ」を保障することができなくなれば、中国政府の正統性を揺るがす由々しき事態にもなりかねない。

コロナ政策の失敗で薬が買えなくなり、怒りの声を上げる中国の高齢者

「政府は庶民の医療保険の金に手を出すな」

中国湖北省武漢市で二〇二三年二月一五日、医療手当の削減に反対する高齢者の大規模デモが行われた。一万人規模の高齢者が病院や公園などに集結し、革命歌「インターナショナル」を合唱した。警戒に当たる警察官との間で小競り合いも生じた。毎月二六〇元（約五〇〇〇円）程度支給されていた医薬品購入の際の補助が、二月から約八〇元に減額されたことがそもそもの原因だ（二〇二三年二月一五日付《時事通信》）。

武漢市では二月八日にも一万人規模の高齢者が市政府庁舎前に集まり、傘を差したまま電動四輪車で入り口をふさぐ事態となっていた。

その様子はネット上で「怒りの傘デモ」として広く拡散されていたが、武漢市当局が要求を拒絶したことから、彼らは再びデモを実施するという異例の展開となった。

デモ参加者は、武漢製鉄をはじめ、他の国営企業を退職した高齢者だった。彼らは一九九八年から医薬品購入補助金を受け取っており、その数は二〇〇万人に上ると言われている。

遼寧《りょうねい》省大連市でも二月一五日保険制度の変更に抗議するデモが起きた。市政府庁舎前に集まった高齢者が市長の名前を叫ぶ動画が出回り、医療費の負担増に対する高齢者の不満が中国全土で広がりを見せた。

中国では男性六〇歳、女性五〇〜五五歳が法律上の定年年齢だ。香港紙《明報》によれば、中国政府が進めている医療保険制度改革は三億五〇〇〇万人に悪影響をもたらす可能性があるという（二〇二三年二月一五日付《東京新聞》）。

中国で大規模デモが報じられたのは、ゼロコロナ政策に反対する抗議活動「白紙デモ」が全国に波及した二〇二二年一一月下旬以来のことだ。

三年にわたって新型コロナを抑え込んでいたにもかかわらず、その間に二億人以上の高齢者を守る準備をしてこなかったことから、案の定、中国では二〇二二年一二月中旬から高齢者の死者例が急増している。

沿岸の大都市では新型コロナの集団発生により高齢者施設での大量死が相次いでおり、「なぜ事前にもっと対応を取らなかったのか」と政府への不満が高まっている。

地方では沿岸の大都市以上に深刻な状態となっているのは言うまでもない。高齢化が沿岸の大都市に比べはるかに進んでおり、高齢者の八割以上が基礎疾患を持っている。新型コロナに対して極めて脆弱な状態にある。

さらに、医療体制が都市部に比べて貧弱だ。地方の医療体制の拡充が計画されていたが、コロナ禍の三年間でむしろその能力は低下してしまった。医療従事者のレベルも極めて低いと言われている。医療資源が乏しい地方の高齢者は、新型コロナから身を守るためには医薬品に頼るしかないのが現状だが、医薬品の補助が八〇元ではまともな風邪薬すら買えなくなる。

地方政府はこのような状況を十分認識しているが、ない袖は振れない。不動産市場の低迷で経済成長が鈍化する一方、三年間続いたゼロコロナ政策のせいで地方財政が極度に悪化しているからだ。

中国政府によれば、地方政府が二〇二二年にゼロコロナ政策に投じた金額は少なくとも三五二〇億元（五一六億ドル）に上っている（二〇二三年二月一五日付《ロイター》）。あてにしていた土地払い下げによる収入が激減しており、医療品の購入補助にまで手が回らなくなっている。

「三年間無料でＰＣＲ検査をした代価がこれか」「いつも人民のために奉仕しているというが、誰のために奉仕しているのか」と政府の無能ぶりに非難が集中していると言われている。

高齢化率（全人口に占める六五歳以上の割合）が二〇二一年に一四％を超えた中国は、今や「高齢社会」に突入している。二〇二二年時点の高齢化率は約一五％に上昇し（二〇二三年一月二五日付《東洋経済》）、高齢化のスピードは日本よりはるかに速い。

日本とは異なり、中国では定年になれば仕事を辞め、孫の面倒を見て好きなことをして暮らすのが一般的だが、新型コロナのせいで穏やかな老後が迎えられなくなっていると言っても過言ではない。

「敬老」の精神が今も根付いている中国では高齢者の政治的影響力は大きい。その高齢者が各地でデモを起こしている状況（白髪革命）を踏まえ、中国人は今や強権的な政府への恐れを振り払った。望むものを勇敢に表現する人がさらに増えるだろう。

共産党に忠誠心を示さなくなったZ世代

ゼロコロナ政策を解除させる原動力となったZ世代の動向も気になるところだ。

各種調査によれば、中国で一九九五年から二〇一〇年までに生まれた二億八〇〇〇万人のZ世代はどの年齢層よりも将来に対して悲観的になっているという（二〇二三年一月二一日付《ロイター》）。

現在の中国の若者たちの間で寝そべり族《タン・ピン》が増えている。

「タン・ピン」とは「だらっと寝そべる」という意味である。仕事をしないで寝そべって何も求めない、マンションや車も買わず、結婚もせず、消費もしないというライフスタイルのことである。

「改革開放」以来、経済の右肩上がりが続いてきた中国では、猛烈に働き地位や財産を得て裕福な家庭を築くことが国民の目標となってきたが、不平等感の高まりと生活コストの上昇でこの目標ははるか遠く手の届かないものになってしまった。就職難や物価の高騰、当局による情報統制などにより閉塞感が漂っており、「90後（一九九〇年代生まれ）」「00後（二〇〇〇年代生まれ）」と呼ばれる世代を中心にアグレッシブな親たちが望む出世や結婚などに関心を持たない人々が急増している。

だが、その上をいく「腐り族《バイ・ラン》」がいることが最近明らかになっている。

バイ・ランとは中国語で「そのまま腐らせろ」という意味だ。中国のSNS「ウェイボー」では二〇二二年三月から腐り族《バイ・ラン》に関する投稿が激増したという（二〇二二年五月二六日付《ガーディアン》）。モチベーションをなくし、生きる気力を失ってしまった彼らは、悪化する自らの状況を積極的に受け入れている。寝そべり族《タン・ピン》以上にニヒリスティックな精神の持ち主だと言っても過言ではない。

激しい競争社会で疲弊した中国の若者たちの絶望感が、コロナ禍や経済の低迷などでさらに増幅されたことのあらわれなのかもしれない。だが、腐り族《バイ・ラン》が今後大増殖するような事態になれば、中国経済の屋台骨までもが腐ってしまうだろう。

中国の若者の急激な変貌ぶりを見て、筆者は「既視感《デジャヴ》」を感じずにはいられない。三〇年前の日本の若者とそっくりだからである。

『若者・アパシーの時代――急増する無気力とその背景』（稲村博著、NHKブックス）という著書が、バブル経済真っ盛りの一九八九年に出版されている。アパシーとは「外界からの刺激に無感覚になること」を意味する概念だ。著書の内容を要約すれば、「近年、極端に無気力な状態を続ける若者が急増している。病気でもないのに学校にも行かず仕事にもつかず、自室に閉じこもって長期間何もしない高校生や大学生、さらに二〇代の大人までが目につくようになった」とした上で、その原因は「進学一辺倒の競争社会や若者から夢を奪う管理社会などだ」ということになる。

習近平氏は「若者の将来を改善することは不可欠だ」と認めたものの（二〇二三年一月二一日付《ロイター》）、最悪の環境に苦しむZ世代の生活水準を改善させるのは不可能だと言わざるを得ない。

Z世代の賃金を上げれば、中国の輸出競争力は低下するし、住宅価格を手頃な水準に下げれば、中国経済の屋台骨である不動産セクターのバブルが崩壊してしまうからだ。

中国の指導者に対する「盲目的な信頼と称賛の気持ち」を持っていないZ世代が、今後も政府に対し次々と挑戦状を突きつける可能性がある。

統治制度の限界に直面している中国

ゼロコロナ政策の解除により、政府の存在感が急速に薄れている。

新型コロナの感染が急拡大する中、政府から支援を得られない都市部の住民は医薬品などを融通し、助け合いで生き抜こうとしている（二〇二三年一月一九日付《ブルームバーグ》）。新型コロナの治療についても、保健当局者の発言よりもソーシャルメディアのインフルエンサーの意見に頼るようになっている（同年一月二四日付《ブルームバーグ》）。

中国人は今、実質的に共産党抜きでの生活を体験しており、ゼロコロナ下で非常に大きな存在感を示していた共産党の存在は「今は昔」だ。

中国の全国人民代表大会（全人代）が二〇二三年三月五日から一三日にかけて開催された。

全人代は中国の国会に相当する機関にあたり、年に一度、三月に北京の人民大会堂で開催される。代表は約三〇〇〇人で、任期は五年。向こう一年間の政治・経済をはじめとする各分野の政策運営方針を審議し、国防費を含む予算案を承認する。

全人代では経済政策を司る高官が相次いで習近平国家主席に忠誠を誓った。

李克強氏のような専門家に代わって李強氏のような習氏に忠実な人物、いわゆる「イエスマン」が経済政策の舵取りを担うようになったことで、痛みを伴う経済改革を断行する可能性はゼロになったと言っても過言ではない。

中国共産党の統治のあり方そのものにも疑念が生じている。

米スタンフォード大学の許成鋼客員研究員は、中国の統治制度を「地方分権的全体主義」と定義している（二〇二三年一月二七日付《日本経済新聞》）。

中国共産党は一九五〇年代初期、政治・経済を含むあらゆる分野の支配権を中央に集中させる全体主義の制度をソ連（当時）から導入したが、五〇年代半ば以降、「郡県制」という伝統的な統治手法を加え、その制度を改めた。

個人崇拝などで最高指導者の絶対的権威を確立する一方、行政の立案・運営の権限のほとんどを最高指導者が任命する地方の指導者に与えるものだ。これにより、中国共産党はソ連より強固な一極集中の体制をつくり上げることに成功した。

この制度の下、地方の指導者は最高指導者の意向に沿った取り組みを競い、切磋琢磨《せっさたくま》してその実現に邁進した。大躍進や文化大革命という悲劇の原因になった一方で、改革開放という華々しい成功を遂げた。

経済成長を巡る地方間の激しい競争が民間セクターの発展を可能にし、政治改革を伴わずに中国は高度成長を長年にわたり享受することができた。

だが、こうした競争は環境破壊や所得格差の拡大、不動産バブルといった問題をもたらし、改革開放は今や負の側面の方が大きくなっている。

半世紀以上にわたり続いた地方分権的全体主義が限界に達しつつある中、習氏はさらに事態を悪化させる方向に舵を切るようだ。

中国政治を長年研究してきたブルネル大学（ロンドン）ビジネススクール上級講師のティー・クオ氏らは「習氏はソ連型の全体主義を復活させようとしており、支配を正当化するための経済発展すら放棄しつつある」と警鐘を鳴らしている（二〇二三年二月一六日付《ニューズウィーク》）。

そのせいだろうか、習氏に対する信頼の失墜が進んでおり、金融と貿易の中心である上海でこの傾向が顕著だ（二〇二三年三月一日付《ブルームバーグ》）。上海市民は匿名を条件にしながらも、習氏と新たな右腕となる李強氏に対して不信感を露わにしている。

米国の人権監視団体フリーダムハウスによれば、二〇二二年第4四半期に中国のほぼすべての地域で抗議デモがあった。政府への抗議を示す国民の行動が大胆になっていることの表れだ。

政府に失望した富裕層はシンガポールへの移住を加速させている（二〇二三年二月二八日付《ウォール・ストリート・ジャーナル》）。

「一党支配を強いる代わりに、市民の経済的な繁栄を実現する有能な統治を約束する」という、中国共産党の正当性を支える社会契約が失効しつつある。

習氏の共産党内の支配は盤石に見えるが、「寝そべり幹部が増殖している」との指摘がある（二〇二三年二月一日付《ニュースソクラ》）。政府の各部門の幹部たちは一九六〇年代の生まれがほとんどで、毛沢東時代の個人崇拝を毛嫌いしている。このため、毛沢東のやり方を強引に踏襲しようとしている習氏に対し、幹部の多くは面従腹背に徹し、実質的には何もしない寝そべり《タン・ピン》族になっているわけだ。

香港の各種メディアによれば、香港特別行政府が深刻な人材不足に陥っている。中国共産党の統治スタイルが嫌われ、海外に移住する公務員が後を絶たない。香港政府は海外人材の獲得に躍起だが、人材難は当分解消しない見通しだという（二〇二三年二月一五日付《NEWSポストセブン》）。

慣れ親しんできた統治制度を抜本的に見直すことは困難だ。だが、そうしない限り、中国の体制の危機が一気に進んでしまうのではないだろうか。

衰退期を意識し始めた中国に要注意

「中国がやがて米国を上回るとの予測は過去の外れた予言と相通じる部分がある」

サマーズ元米財務長官は二〇二二年八月、このように述べた（二〇二二年八月一九日付《ブルームバーグ》）。

半年前までは「中国経済が近い将来、米国経済を追い抜くことが自明だ」と受け止められていたが、サマーズ氏は「今ではそれほど明確ではない。一九六〇年代の旧ソ連や九〇年代の日本が米国を追い越すという（間違った）予測と同様のことが現在の中国でも繰り返されるのではないか」と主張する。

たしかに世界の中国経済に対する見方がガラッと変わった感が強い。

市場で安価なマネーがあふれているものの、財務力が低下している不動産企業の資金繰りはさらに困難になっている。当局が潤沢な資金を供給して再生を図ろうとしても経済が一向に回復しないという、一九九〇年代の日本経済が直面した「流動性の罠」に中国経済も陥ったのではないかと思えてならない。

中国政府に対する市場の信頼感もがた落ちだ。以前は、当局による思い切った政策に対する期待が高まっていたが、今では「中国経済は脆弱さに対応できるだろうか。当局の行動は不十分で遅すぎたとの懸念がある」との声が高まるばかりだ。

経済成長率を決定づける三つの要因は、❶労働力、❷資本ストック、❸生産性だ。

中国の資本ストックの水準は高くなったが、肝心のリターンが小さくなっている。過剰生産能力や入居者不在の建物が集まるゴーストタウン、交通量が極端に少ない幹線道路などはいずれもこうした問題を浮き彫りにしている。

生産性向上に必要な構造改革も停滞している。改革を断行すれば党中枢の利権に打撃が及ぶことになるため、現在の指導部は躊躇《ちゅうちょ》しているのだろう。加えて関税や他の貿易制限によって世界の市場や先端技術へのアクセスにも支障が生じており、コロナ対応の景気刺激策により民間債務は記録的な水準へと増加している。

成長の源泉だった労働力も減少に転じている。

急成長する経済をバックに台頭してきた中国の国力の陰りがここに来て鮮明になってきた形だが、このことは日本をはじめとする国際社会にとってどのような影響を与えるのだろうか。「浮上する中国」よりも「頂点を極めやがて衰退期を迎える中国」の方が国際社会との間で大きな対立を引き起こすという指摘がある。

二〇二一年九月二四日付米外交専門誌《フォーリン・ポリシー》は「衰退する中国、それが問題だ」と題する論文を掲載した。執筆したのはジョンズ・ホプキンス大学のハル・ブランズ特別教授とタフツ大学のマイケル・ベックリー准教授だ。

ハーバード大学の政治学者グレアム・アリソン氏が「既存の超大国は新興大国の浮上を邪魔するために戦争に陥る危険性が高い」とする「トゥキディデスの罠」を指摘して以来、米中関係はしばしば、紀元前五世紀のギリシャの覇権国スパルタと新興大国アテネの間で繰り広げられたペロポネソス戦争に譬えられてきた。

古代ギリシャの歴史家であるトゥキディデスは「アテネの力が徐々に強大となったことに驚いたスパルタが戦争に踏み切った」ことが戦争の原因と書いたが、ブランズ氏らの解釈は違う。「海洋軍事力で劣勢に立たされ始めたアテネが、勝利の機会を失う前に開戦に踏み切った」ことが戦争の本当の原因だとしている。

新興大国はパワーが拡張し続ける間はできる限り目立たずに行動し、覇権国との対決を遅らせるが、成長が天井に達し衰退期が目の前に近づくと悠長ではいられなくなる。これ以上の発展を期待できなくなった新興大国が「挑戦の窓」が閉ざされる前に行動するようになるというわけだ。

「現在の中国は当時のアテネと同じ状況にある」とするブランズ氏らは「衰退期に入りつつある中国は今後一〇年間、より大胆かつ軽率に行動しかねない」と警告を発している。

中国のウルトラナショナリズム

中国経済の成長とともに育った若者は「中国文明は世界で一番優れている」と信じる傾向が強いが、中国でナショナリズムの風潮が強まったのは一九九〇年代からだった。ソ連崩壊により「共産主義」という統治の根拠を失った中国政府が国民の支持を取り付けるためにナショナリズムを利用したのが始まりだ。中国のナショナリズムはリーマンショック後に中国が世界経済を牽引するようになると攻撃的なものに変わり、二〇一二年に誕生した習近平政権が「中国の夢」を語るようになるとその傾向はさらにエスカレートした。

中国のナショナリズムは政府に奨励されてきたが、最近では国民の方が過激になっており、皮肉にも政府は自らつくり出したナショナリズムを制御できなくなっている。

二〇二二年八月、ペロシ米下院議長（当時）が台湾を訪問したが、これを阻止することができなかった中国政府に対して不満が噴出するという異例の事態になった。ネット空間では「あまりにも恥ずかしい」「メンツが丸つぶれじゃないか」とのコメントが飛び交った（二〇二一年八月五日付《クーリエ・ジャポン》）。

二〇二一年八月の米国のアフガニスタンからのぶざまな撤退ぶりを目の当たりにして、多くの中国人は「現在の米国なら台湾を見捨てる。千載一遇の好機が訪れた。台湾侵攻は間近だ」と考えるようになっており、中国政府の弱腰ぶりに憤懣やるかたなかったのだ。

こうしたネット世論を気にしてか、中国外交部は二〇二一年八月三日の記者会見の場で「中国人民は理性的に国を愛する（理性愛国）ものだと信じている」と述べているが、中国国民の愛国感情をあおり立ててきたのは、他国を攻撃的な言葉で厳しく非難する「戦狼外交」を展開してきた外交部自身に他ならない。

日々の生活への不満が高まれば高まるほど、ナショナリズムがショービニズム（好戦的愛国主義）に変質するというのは過去の歴史が教えるところだ。

金融分断がもたらす米中の衝突リスク

このところ米中のデカップリング（分断）があらゆる分野で進んでいる。

冷戦時代の米ソ対立ではヒト、モノ、カネの往来が制限されていたが、現在の米中対立は経済面での相互依存が強い分、決定的な対立には発展しにくいとの楽観論があった。だが、貿易、技術や人権問題に加え、分断が経済活動全般に及ぶにつれて、米中関係の先行きが危ぶまれる事態となっている。

改革開放以降の中国経済の急速な成長を支えてきたのは海外から流入した大量の資金である。世界銀行によれば、中国への直接投資のネットの流入（対内投資から対外投資を引いた額）のGDPに対する比率は一九九〇年代中頃は六％程度と他国に比べて飛び抜けて高い水準だった。この数字は二〇二三年五月現在一％台にまで低下しているが、IT企業などの先端産業が巨額の資金を海外から調達していることは間違いない。

世界第二位の経済大国となった中国だが、いまだに資本取引を厳しく制限しており、「無秩序な資本の拡張防止」を掲げて社会主義に傾倒し始めている習近平指導部はさらに規制を強化しようとしている。

マネーの分断は中国企業が海外市場開拓や人材獲得の面でグローバル競争に後れをとることにもつながりかねず、中国経済の成長が鈍化すれば、共産党の一党支配の正統性が揺らぎかねない事態となるだろう。

自国への悪影響が大きいにもかかわらず、中国政府が米国との金融分断を進めている背景には貧富の差の拡大や機会不平等に対する国内の不満が高まっていることがある。

習近平国家主席は「不当な利得」を抑制し、賃金を引き上げ、中所得層を拡大したい意向だという。中国政府は政権への批判をかわす目的で、政府のコントロールが緩く、最も強い社会的な不満を生み出している巨大企業への規制を強化している。

中国政府の一連の動きに米ウォール街が落胆しているのは言うまでもない。ウォール街からは「共産党の支配は常に投資家の利益よりも優先される」として中国経済全体に対する不信感が急速に強まっている。今後ウォール街の中国離れが進むとすれば、米中関係にどのような影響をもたらすのだろうか。

ウォール街はこれまで米中関係の安全弁だったとの説がある。

一例を挙げれば、二〇一八年二月、米中貿易交渉で中国側トップの劉鶴《りゅうかく》副首相がワシントンを訪問した際、米側の交渉相手と会う前にウォール街を代表する企業幹部と面会し、「あなた方の助けを必要としている」と語ったと言われている。

中国共産党指導部の顧問を務める国際政治学者が二〇二〇年一一月下旬に上海で開催された討論会で、「一九九二年から二〇一六年までの米中間に起きたすべての問題が二カ月で解決できたのは、ウォール街にいる中国当局の友人が米国政府に働きかけたおかげである」と発言した。この人物は中国外交部、統一戦線部、共産党中央対外宣伝弁公室、軍事科学院などに助言を行っているとされている。

「金融が良好な外交関係を醸成する」という歴史の前例がある（三谷太一郎『ウォール・ストリートと極東――政治における国際金融資本』東京大学出版会、二〇〇九年）。

一九二〇年代の日米関係は、ウォール街の金融資本家と日本のリーダーとの間の信頼関係によって支えられていた。ウォール街の金融資本家とはモルガン商会のトーマス・ラモントのことであり、日本のリーダーは金融・財政政策を担った井上準之助のことを指す。

ウォール街が日本との関係を深めた契機は一九二〇年代に成立した中国に対する日英米仏の四カ国借款だったが、その実務を担ったのがウォール街だった。彼らの活動の動機はもちろん利潤に基づいていたが、結果として日米両国の国内政治に影響を与え、日米相互の信頼関係を形成する支えになっていた。

だが、一九三一年に満州事変が勃発し、翌一九三二年に井上が暗殺されると、金融の力で支えられた日米の協調体制は瓦解し、両国の関係は急速に悪化したのは周知の事実である。

前述の中国の学者は「ウォール街と深いつながりを持つバイデン政権が誕生すれば、中国政府は再び米国政府を動かすことができるようになる」としていたが、その安全弁が消滅しかかっているのだ。

「歴史は繰り返す」と断言するつもりはないが、米中の金融分断により、今後米中間の衝突リスクが飛躍的に高まってしまうのではないだろうか。

中国とインドの国境紛争のリスクが高まる

米国と中国は台湾海峡を巡って対立を深めている印象が強いが、米国と中国のせめぎ合いの舞台は台湾海峡だけではない。

米軍とインド軍は毎年合同軍事演習を実施しており、年を経る毎に中国を念頭に置いた内容となっている。

二〇二一年の演習は一〇月下旬に米アラスカ州で実施され、インド陸軍の第一三六歩兵旅団（約三五〇人）は一一年ぶりにエルメンドルフ・リチャードソン統合基地に遠征し、約四〇〇人の米兵とともに訓練で汗をかいた。

米陸軍の発表によれば、二週間にわたって実施された演習では寒冷地でのサバイバル、航空機による医療搬送、登山訓練、小火器の射撃訓練などが行われたが、その内容は二〇二〇年六月に中国との間で衝突が起きたラダック地方でのインド軍の能力向上を強く意識したものになっていたという。

「我々はこれらの条件下で最良の実践方法を学んだ。相互の信頼を共有することができた」と成果を強調したインド陸軍は演習終了後、ラダック地方で部隊や装備の移動などの総合的な訓練を実施した。

二〇二二年の合同軍事演習は、中印国境の係争地に近いインドのウッタラカンド州アウリで実施されたが、中印国境からわずか一〇〇キロメートルの地点だった。

中国国防省は「国境を巡る争いは中国とインドの間にある問題だ。双方は二国間対話を通じて問題を解決することに合意している。インドとの領土問題への介入はいかなる第三者であれ断固として反対する」と猛反発した。

米軍は情報面での協力にも熱心だ。米印両国は二〇二〇年一〇月、機密衛星情報共有に関する協定を締結しており、インド軍がこれまで探知しづらかった中国軍の動きを米国の衛星画像から読み取ることができるようになった。

インドはＱＵＡＤ《クアッド》（日米豪印戦略対話）に参加したことで中国に対して強気の態度で臨むようになったとの指摘がある。「中国が一方的に挑発し、インドがこれに受け身で対応する」というこれまでの構図が崩れつつあるのだ。

中国にとってもインドとの国境紛争地域の重要性は高まっている。インドとの国境に面しているのは国際社会から介入を受けやすいチベットと新疆《しんきょう》ウイグル自治区だからだ。

中国はインドに対して経済を「餌」に関係改善を図ってきたが、二〇二〇年五月にインド北部の係争地で両軍が衝突し、四五年ぶりに死者が出たことから、関係は急速に悪化し、現在も約二〇万人の兵士が国境で対峙しており、緊張状態は解けないままだ。

二〇二二年六月に中印国境を訪れた米太平洋陸軍司令官チャールズ・フリン大将は「地域の情勢は警戒を要するレベルだ」と述べている。

ヒマラヤ山脈沿いの国境地帯での軍事作戦はこれまで春から秋の短い期間に限られてきたが、温暖化の影響で作戦実施が可能な時期が拡大し、より多くの兵力を投入できるようになっていることも気がかりだ。

この状況は紛争開始前のロシアとウクライナの関係に似ていると思えてならない。

米国がウクライナを武装化していることに危機感を抱いたロシアが軍事侵攻を始めたわけだが、中国もインドに対して同様の危機感を抱き、手遅れになる前に事態を解決しようと考え始めているのではないだろうか。

米国は現在、ウクライナへ大量の武器を供与していることから、戦時になった場合、インドが武器の援助を求めたとしても「ない袖は振れない」。ロシアへの制裁の副作用が西側諸国の間で深刻化している中で、それ以上の悪影響をもたらすとされる中国への制裁が実施できるかどうか疑問だ。ウクライナ情勢を注視する中国は「インドを攻撃するチャンスが到来しつつある」と判断しているのかもしれない。

世界の注目は台湾海峡に集まっているが、危機は常に想定外の場所で起きる。

ロシアのウクライナ侵攻後、日本では中国とインドの国境紛争問題への関心は薄らいでいるが、専門家は「中国がいずれインドを攻撃する」と警戒感を強めている。世界第二位の軍事大国中国と第三位のインドの間で大規模紛争が勃発するリスクがこれまでになく高まっていると筆者は考えている。

中国は見かけ上強大に見えるが、その内実は「張り子の虎」に過ぎない。現在の中国がかつてのソ連のように突然崩壊するリスクが生じている一方、アジアでは中国を巡って地政学リスクがこれまでになく高まっている。

米国が「世界の警察官」の役割を放棄し、ロシアとの飽くなき戦いを始めてしまったことで世界全体の地政学リスクも悪化するばかりだ。

覇権国なき世界で日本は生き残りをかけてどのような選択をすべきだろうか。

第五章

群雄割拠の時代を日本は生き残れるのか

「安全保障のジレンマ」に陥るウクライナ危機

プーチン大統領はウクライナ侵攻を巡り二〇二二年九月二一日、部分動員令を発令した。ウクライナ侵攻に批判的な傾向が強い若者が動員の対象となっていることから、反発や混乱が広がったが、なぜロシアはこの発令を下したのだろうか。

ロシアのショイグ国防相は部分動員令を発した理由について、「ウクライナでの特別軍事作戦により既に解放された領土をコントロールするために必要なものだ」と述べている。

その「解放された」とされるウクライナの東部と南部のロシアの支配地域（ドネツク、ルハンスク〔ルガンスク〕、ヘルソン、ザポリージャの四州）ではロシアへの併合の是非を問う住民投票が実施され、九月末にロシアに併合された。

これにより、ウクライナ側はますます反発し、ロシア・ウクライナ両国間の停戦交渉再開は絶望的になってしまったが、それ以上に重要なのは今回の住民投票はウクライナ紛争に大きな転換点をもたらす可能性が高いことだ。

四つの州をロシアに併合したことにより、ロシアのウクライナでの軍事行動は、これまでのように他国（ドネツク人民共和国、ルハンスク人民共和国）の解放のために介入する（特別軍事作戦）のではなく、自国の領土を防衛することになるからだ。職業軍人のみならず、徴兵軍人も含む全軍事力の投入の大義名分が立つことになり、本気モードに入ったプーチン大統領は、軍事産業に対しても早速、兵器の増産を指示した。

住民投票はそもそも二〇二二年一一月の実施が予定されていたが、前倒しになったのはウクライナの反転攻勢が影響していると言われている。

住民投票の結果、ウクライナ東部と南部の四つの州がロシアに編入されたことにより、ロシア軍の目的は自国領土の防衛になり、ウクライナ軍に対してこれまで以上に激しい攻撃を加えるようになった。

ロシアは西側諸国との直接衝突も覚悟している可能性がある。米国をはじめ西側諸国のウクライナへの武器支援の目的は、当初とは異なり、ロシアの軍事力自体を弱体化させることにシフトしているのは明白だ。ショイグ国防相は、ポーランドに常駐する西側諸国の軍事専門家がウクライナ軍の指揮を執っている現状について、「ロシアはウクライナというより欧米諸国と対峙している」との認識を示している。ロシアは「西側諸国との間で第三次世界大戦が既に始まっている」と考えているのかもしれない。

国際政治学には「安全保障のジレンマ」という概念がある。軍備増強や同盟締結など自国の安全を高めようと意図した国家の行動が、別の国家に類似の行動を誘発してしまい、双方が欲していないのにもかかわらず、結果的に軍事衝突につながってしまう現象を指す（《ウィキペディア》参照）。

安全保障のジレンマという概念が生まれたきっかけは第一次世界大戦だとされている。

ロシアとフランスという二つの大国に挟まれた当時のドイツは、二つの戦線で同時に戦うことができる動員計画《シュリーフェン・プラン》を策定した。ドイツがこのプランに従い動員を始めると、これを脅威に感じたロシアとフランスも動員を開始する事態となった。欧州列強はいずれも戦争を望んでいなかったが、結果的に泥沼の世界大戦に入ってしまったという経緯から生まれた考え方だ。

プーチン大統領は二〇二二年九月二一日の国民向け演説において「核兵器を含むあらゆる手段を用い祖国の領土一体性を守る」と宣言した。ラブロフ外相も同月二四日、「ウクライナがロシアに編入された地域を攻撃した場合、核兵器での反撃もあり得る」ことを認めた。

「強いロシアの復活」を掲げるプーチン大統領にとってジョージアやウクライナなど近隣諸国への侵攻はその目標達成の一環であり、これまで一度侵攻した地域から兵を引いたことはない。プーチン大統領は長年にわたり、自軍が劣勢に陥った場合に限定的な核攻撃を行い、自国に有利な形で停戦に持ち込む戦略を策定する準備を進めてきた。具体的な使用条件について明言していないが、ロシアがウクライナとの戦いで形勢が不利になったら、核兵器を使用してでも状況を打開しようとするのではないかと思えてならない。

軍事専門家の間で「ロシアのように大量の核兵器を保有する大国を追い詰めるのは極めて危険だ」との理解は一致している。

米国政府もロシア首脳の一連の発言を深刻に受け止めているが、有効な手立てが打てる状況にはない。米ロともに冷戦後の核兵器に関するルールを設定しておらず、ロシアが核兵器を実戦配備した場合、米国はどのように対応するかについて明確な対応策が練られていないのが現状だ。

国際社会の治安を悪化させるウクライナへの武器支援

米国を中心に西側諸国はウクライナに対して巨額の軍事支援を行っているが、開戦当初から西側諸国からウクライナに供与された武器が他国に流出しているとの懸念が生じていた。だが、ウクライナ側は具体的な根拠を示すことなく「西側諸国による武器供与はウクライナの存亡に関わる問題だ。長距離兵器も含め、ウクライナの受領したすべての武器はしっかり確認してから前線に配備している」と主張し、「このような懸念はロシアによるプロパガンダだ」と一蹴している。

米国から提供される武器はトラックなどに載せられ、ポーランドとの国境でウクライナ軍に引き渡されるが、ロシアの侵攻後、ウクライナから米軍関係者が退去したことから、武器がどこに行き、どこに配備されるかはウクライナ軍が決めることになっている。西側諸国の武器が国境を越えてウクライナ側に渡った後、どこへ流れて、どの程度効果的に使われているのか、まったく把握できていないのが実情だ。

欧州連合（EU）は二〇二二年七月、ウクライナからの武器密輸を中心とした組織犯罪を防ぐ拠点を隣国モルドバに設置する計画を発表した。ＥＵ域内の武器密輸の情報共有を目的の一つとする欧州刑事警察機構《ユーロポール》が六月初めに、「ウクライナに参集した外国人志願兵の中にマフィア組織の構成員が紛れ込んでいる。ハイテク兵器は世界各地に横流しされるリスクがある」と警告を発していたことを踏まえての措置だ。

米ＣＢＳは二〇二二年八月上旬、「ウクライナの武装化」と題するドキュメンタリー番組を放映し、その中で「アメリカがウクライナに対して行っている数十億ドルの軍事支援のうち、同国の最前線に届くのはわずか三〇％だ」と指摘している。

米国のウクライナへの武器支援は二〇一九年から本格化したが、米軍の監査部門は二〇二〇年時点でウクライナに供与された武器の監視体制を問題視していたとされている。

供与された武器の管理はどの国の政府にとっても非常に難しい課題であり、存亡の危機に瀕しているウクライナ政府にとってはなおさらだ。「未曽有の規模で流れ込んでくる武器の適切な管理は不可能だ」と言わざるを得ない。

武器が供与されているウクライナはソ連崩壊後の武器取引の拠点だった過去がある。経済危機に陥ったウクライナに貯蔵されていた大量の武器が世界各地の紛争地に流出した。

二一世紀に入るとその動きは鎮静化したものの、二〇一四年のロシアによるクリミア半島の併合や親ロシア派武装勢力によるウクライナ東部ドンバス地方の一部掌握を受け、ウクライナで再び武器の略奪が起きるようになった。国内の治安状況に対する不安感から、ウクライナ国民の間で武器の需要が高まったことがその要因だ。三〇万にも上る武器が闇市場で取引され、ほとんどの武器が回収されることはなかったという（二〇二二年五月二七日付《ＡＦＰ》）。

ウクライナは世界の不安定な地域へ兵器が横流しされる「グレーゾーン」としても知られていた。国際ＮＧＯの汚職・組織犯罪研究センターは二〇一七年九月、「西側諸国の武器がウクライナを経由してアフリカ諸国の過激派勢力に流れている」と指摘していた。

ロシアのウクライナ侵攻から三カ月を過ぎた頃から、「スティンガーやジャベリンは既に闇市場に出回っている」との噂が流れており、「ハイテク兵器の巨大なブラックホール」になってしまう可能性が生じている。

武器取引の専門家たちは「西側諸国がウクライナに供与している武器、特に小型武器が世界各地に拡散する深刻なリスクが存在する。過激派勢力の手に落ちる可能性も排除できない」と頭を抱えている。

同盟国の支援を意図した武器が結果的に米国と利害を異にする勢力の手に渡ってしまうという光景を私たちは何度も目にしてきた。

旧ソ連が一九七九年にアフガニスタンに侵攻した際、米国はアフガニスタンの抵抗勢力にスティンガーなどのハイテク兵器を供与した。ソ連撤退後、米軍は地方軍閥に巨額の資金を与えてスティンガーなどを回収しようとしたが、米国を敵視するアルカイダなどイスラム主義武装勢力の手にも流れてしまったことが確認されている。

米国は二〇一〇年代前半にも、シリアのアサド政権打倒のために反政府軍に大量の武器を供与したが、これらの武器を大量に確保したイラクのスンニ派過激派勢力が二〇一四年に「イスラム国（IS）」を建国するという皮肉な結果を招いている。

先述のようにユーロポールは「ウクライナに参集した外国人志願兵の中にマフィア組織の構成員が紛れ込んでいる。ハイテク兵器は世界各地に横流しされるリスクがある」と警告を発しており、ウクライナに供給されたハイテク兵器はマフィア組織を介して西側諸国でも犯罪に悪用される可能性が生じている。

ウクライナへの武器支援が仇となって世界の安全保障環境が急速に悪化するリスクが生じている。

日本は米国の「代理戦争」戦略に巻き込まれるな

銃撃事件で死去した安倍晋三元首相の国葬が二〇二二年九月下旬に行われた。世界の多くの要人が来日したことで改めて安倍氏の国際社会における存在感の大きさが実感された。

安倍氏は首相在任中、日米同盟の強化に努めるとともに、ロシアと中国が連携して日本に対抗する構図になることを阻止してきた。このため、ロシアのプーチン大統領と二七回の首脳会談を行い、中国の習近平国家主席との関係構築も進めてきた。

タカ派と言われた安倍政権だったが、外交の基本は対話重視だった。二〇二二年七月九日付《ニューズウィーク日本版》は「ロシア軍のウクライナ侵攻のような安全保障上の危機がアジア太平洋で起きなかったのは安倍氏の功績だと言っても過言ではない」と報じたほどだ。

残念ながら日本を巡る安全保障環境は急速に悪化している。

北大西洋条約機構（NATO）は二〇二二年六月下旬、今後一〇年の指針となる新たな「戦略概念」を採択、中国について「我々の利益、安全保障、価値観への挑戦」と初めて明記した。今回の戦略概念の見直しにより、旧ソ連に対する同盟として出発したNATOは「中ロ専制主義」に対する同盟へと変わったことになる。

岸田首相はこのNATO首脳会議に日本の首相として初めて出席し、中国を念頭に「ウクライナは明日の東アジアかもしれない。力による一方的な現状変更の試みは決して成功しないと結束して示していかなければならない」と訴え（二〇二二年六月三〇日付《読売新聞オンライン》）、NATOとの協力を強化する考えを表明した。

ウクライナ危機を契機に、日本はロシアはもちろんのこと、中国に対しても強硬路線に転じたかのような印象が強いが、はたして大丈夫だろうか。

二〇一九年以降、米国政府は英国とともにウクライナに対して軍事支援を強化してきた。両国の後ろ盾を得たことでウクライナ政府はロシアに対して強気に転じ、停戦合意を破棄し、ドンバス地域で軍事攻勢を強めた。これに対しウクライナ国境沿いに兵力を増強させて圧力を高めていたロシア政府は軍事侵攻に踏み切った。

米国政府は対抗手段として、ロシアに対して過去最高レベルの経済制裁を科し、ウクライナに対して破格の軍事支援を行っている。だが、対抗手段の有効性に大きな誤算があったことは否めない。ロシアの戦費調達に欠かせない外貨収入を断つため、強力な制裁を講じているが、世界的な資源不足が災いして、ロシア経済に深刻な打撃を与えるに至っていない。ウクライナに対する軍事支援も当初期待されたほどの成果は出ていない。米国政府の戦略は成功しているとは言えない状況だ。

米国は「米国と正面から対決できる唯一の競争相手」と位置づける中国に対しても、ロシアと同様の対応に出ている可能性が高いのではないだろうか。

国内が分断状況にある米国の政治状況が強大な敵を求めているからだ。

過去の歴史を振り返れば、他国との対決が米国を国家として結束させるきっかけを提供してきたことがわかる。一九三〇年代は党派対立が絶えなかったが、第二次世界大戦に参戦すると国は一致団結した。その後旧ソ連との冷戦となったが、旧ソ連が崩壊すると再び国内は分裂状態となった。二一世紀初頭からのテロとの戦いでは冷戦のように国をまとめることができなかったが、そこに米国にとって国内を団結させることができる「望ましい敵（中国）」が登場したというわけだ。

米国政府は近年、台湾に対して史上最大規模の武器売却を実施し、軍事顧問団を派遣して台湾軍を訓練している。米軍艦艇による台湾海峡の航行なども日常化させている。

中国軍も台湾海峡周辺で軍事演習を活発化させており、事態はエスカレートするばかりだが、米国政府が中国への挑発を止めることはないだろう。

バイデン政権はウクライナに米軍を投入しない代わりに強力な武器支援を行っている。いわゆる「代理戦争」というやり方でロシア軍と対峙しているが、台湾有事の際も「代理戦争」になる可能性が高い。だが、その遂行が危ぶまれる事態となっている。

ウクライナに未曽有の規模で武器供与を行っている米国で深刻な武器不足が生じている。武器の生産能力には限りがあり、在庫補充には数年を要するという。

中国が台湾に武力侵攻しても、米国は多くの武器をウクライナに供与してしまったために、インドと同様、台湾への武器支援を行うことはできなくなっているのだ。

米国の「代理戦争」戦略の失敗のせいで多くのウクライナ人が犠牲となっていることは否定できない事実だ。米国の挑発が台湾有事を招き、「アジアは次のウクライナ」になってしまう可能性は排除できない。

軍事専門家が指摘するように、「台湾有事」は「日本有事」に直結する。

米国のシンクタンク、戦略国際問題研究所（ＣＳＩＳ）は二〇二三年一月九日、「中国人民解放軍が二〇二六年に台湾に上陸侵攻を図る」ことを想定した机上演習《ウォーゲーム》の結果を公表した。それによれば、米軍が台湾側で参戦したシナリオの大半で、中国は台湾制圧に失敗するものの、開戦当初で台湾軍がほぼ全滅し、在日米軍や自衛隊の基地が攻撃されるため、日米も多数の艦船や航空機を失うことが明らかになった（二〇二三年一月一二日付《日本経済新聞》）。

日本が米軍の参戦部隊の基地使用を認めなければ、台湾側が確実に中国に敗れることもわかっており、二〇二三年一月の日米首脳の敵基地攻撃能力の開発等の協力、合意により、自衛隊をはじめ日本の役割はさらに大きくなることは確実だろう。

ウクライナ戦争では欧米諸国が自国の軍事施設などが攻撃を受けることなく軍事支援を行っているが、台湾有事の際、このやり方は通用しない。

冷戦期につくられたウクライナの核シェルターが、ロシアの攻撃から住民を守る避難場所として有効に機能していることが日本でも知られるようになり、政府は二〇二二年一二月に策定した安全保障関連三文書に核シェルター整備の方針を初めて明記した。

機運が盛り上がってきたことはたしかに望ましいが、海外との格差はあまりに大きいと言わざるを得ない。

ＮＰＯ法人の日本核シェルター協会が二〇〇二年に実施した調査によれば、各国の人口当たりの核シェルターの普及率は、スイスやイスラエルが一〇〇％、米国が八二％、ロシアが七八％と高い比率を示す一方、日本はわずか〇・〇二％だ。核シェルター協会は、「この状況は現在も変わっていない」と指摘している（二〇二二年三月三〇日付《朝日新聞デジタル》）。

国民の命を守ることができる核シェルターが敵の核攻撃を断念させる効果を有する点も見逃

せない（抑止力）。皮肉なことだが、日本は唯一の被爆国でありながら、抑止力が乏しいがゆえに核攻撃を最も受けやすい国の一つになっているのだ。

日米同盟を強化していくのはもちろんだが、台湾有事をなんとしてでも回避するための日本の外交力の真価が問われている。国難に直面している今こそ、日本は真の国益を追求しなければならない。対話重視に徹した安倍外交の真価をもう一度見つめ直すべきではないだろうか。

「鎖国」再考

戦争はもはや米国のビジネスの一部になってしまい、同じような間違いを繰り返しているとの指摘がある。戦争で間違いを起こしても、大きな島国のような存在で、脅威となる隣国もなく、世界一の軍事大国である米国自身が侵攻されるリスクがないから、どんな失敗をしても生き延びられるからだろう。

当面の間日本の安全保障に日米同盟は不可欠だとしても、米国の行動はどこまで信頼できるのだろうか。米国の行動の危うさは日本にとっての最大のリスクになりつつあり、不必要な戦争に巻き込まれる可能性は高まっているように思えてならない。

エマニュエル・トッド氏は「鎖国という『孤立・自律状態』から抜け出した日本がその後攻撃的になったのは、欧米諸国を模倣して同盟関係や植民地獲得競争に参加したからだ」と述べている（二〇二二年七月五日付《文春オンライン》）が、明治維新からアジア・太平洋戦争敗戦に至るまでの間、一〇年に一度の頻度で戦争を行っていたことはたしかだ。

昭和の時代に教育を受けた世代は「江戸時代は『鎖国』状態だった」と学んだが、現在、その認識は誤りであることが定説となっている。

キリスト教を敵視した江戸幕府は、幕府の監督下にない自由な人の往来を禁止したものの、長崎、対馬、薩摩・琉球、松前という四つの「口《くち》」を通じて人・モノ・情報の流通を管理することで、幕府は当時の日本が必要としていた商品を安定的に確保するために尽力してきた。いわば「管理貿易」だったのだ（荒野泰典『「鎖国」を見直す』岩波現代文庫、二〇一九年）。

管理貿易を余儀なくされたのは、アジア周辺海域でも欧州諸国間の軍事衝突が頻発したことから、朱印船貿易制度を創設してアジア海域での貿易と航海の安定を図ってきた徳川幕府が、民間人に対して安全な航海を保障することができなくなってしまったからだ。

こうした事態を回避するためには、朱印船制度を廃止し日本船の海外渡航を禁止することが手っ取り早い解決策だった。幕府は海外渡航を制限するため、一六三一年から朱印船貿易を制限し始め、一六三三年に朱印船貿易を事実上全面禁止した（同前）。

一六世紀に「大航海時代」を謳歌していた世界経済だったが、一七世紀に入ると突然不調となった。当時の世界貿易は事実上の銀本位制だったが、通貨の材料だった銀の世界生産が減少してしまったからだが、これに加えて一七世紀の世界は寒冷化に見舞われたことから、世界各国の政情が悪化した。

特に悪影響が生じたのは大航海時代を主導した欧州地域だった。一七世紀を通して欧州が戦争に明け暮れていた（三十年戦争や絶え間のない王位継承戦争など）のに対し、日本を含め東アジアは平和を保ち、繁栄を維持し続けていた。日本をはじめ当時の東アジアの国々はおしなべて海禁政策をとっており、ドイツの哲学者カントは平和を保つための方策として肯定的に評価していた。

江戸時代の経済は自給自足ではなく、四つの口を通じて隣接する東アジアの国・地域に媒介されており、特に中国との貿易が不可欠だった。長崎に来ていた中国人の数はオランダ人よりもはるかに多かった。唐船は東南アジアからも来ており、当時の日本は華僑ネットワークに組み込まれていた。江戸幕府は長崎に唐人屋敷をつくって管理していた。

このように、江戸幕府は必要な国際関係を維持し、それによる平和の下で当時の世界情勢を踏まえながら、自らの政策意図（キリスト教の排除とアジア貿易の維持）を実現していくしたたかな外交力を展開していたのだ。

海外からの輸入が絞られると各種商品の国産化が進み、従来は輸入に頼っていた生糸、絹織物、砂糖などが国産化された。各地の特産物は「天下の台所」と呼ばれた大坂に集中し、全国へ拡散した。街道など交通輸送インフラが整備されて経済は着実に発展した。

日本では一八世紀末まで平和が続いたが、産業革命を経て強国となった西欧列強の脅威が意識され始めた幕末になると、富国強兵を妨げる負の遺産として江戸幕府の管理貿易制度が「鎖国」として否定的に評価されるようになった。

「賢者は歴史に学ぶ」と言われているが、グローバル化（大航海時代）を謳歌した世界経済が絶不調に陥り、国際社会が大動乱の時代を迎えつつある現在、一七世紀前半の教訓を真摯に学ぶ必要があるのではないだろうか。

江戸時代の日本にとって中国の物品が不可欠だったように、現在の日本には化石燃料が必須だ。

資源エネルギー庁によれば、日本の一次エネルギーの構成（二〇一九年）は石油三八％、石炭二七％、天然ガス二二％、再生可能エネルギー七％、水力四％、原子力二％だ。

英ＢＰ社の二〇二二年版エネルギー統計によれば、日本の石油消費量（二〇二〇年）は一九六八年の水準に低下し、二〇二一年も前年比二％未満の増加にとどまっている。

日本は先進国の中でエネルギー自給率が最も低いが、幸いなことに日本のエネルギー消費は減少傾向にある。とはいえ、エネルギー供給国との良好な関係が日本にとって欠かせないのは言うまでもない。

中東地域の地政学リスク

日本のエネルギー安全保障にとってのアキレス腱は原油の中東依存度が極端に高いことだ（二〇二三年三月時点で九六・八％。経済産業省）。

中東からの原油が安定的に供給されてきたのは、米軍がペルシャ湾、ホルムズ海峡、インド洋、マラッカ海峡などを経由する重要なシーレーンの安定を守ってくれていたおかげだ。だが、今後もこの状態が続くという保証はない。

中東地域は相変わらず地政学リスクが高いことも頭が痛い点だ。中東地域で最も政情が不安定になっているのは石油輸出国機構（ＯＰＥＣ）第二位の産油国（日量約四三〇万バレル。二〇二二年二月時点）のイラクだ。

イラクでは二〇二一年一〇月に議会選挙（一院制、定数は三二九）が行われ、イスラム教シーア派指導者ムクタダ・サドル師を支持する勢力が最大の議席を確保したが、政権樹立に向けたイスラム教スンニ派やクルド系などとの協議が行き詰まったことから、しびれを切らしたサドル師は二〇二二年六月、傘下の議員七三人すべてを辞職させてしまった。

繰り上げ当選などで同じシーア派でもサドル師と対立する親イラン勢力が国会の最大会派になり、独自の首相候補を擁立し政権樹立に向けた動きを加速させたことから、サドル師の勢力が七月下旬に政府機関や外国大使館などが集まる旧米軍管理区域《グリーンゾーン》に侵入し議事堂を占拠したため、サドル師は支持者たちに抗議行動を中止するよう命令したが、八月には首都バグダッドで近年で最悪の流血事件が起きてしまった（二〇二二年八月三〇日付《ロイター》）。

イラクが米軍主導の部隊に占領されていた時代、サドル師は民兵組織を率いて米軍に抵抗し、草の根のシーア派勢力の中心的存在となった。反米とともにイラクに対する隣国イランの干渉にも反発する姿勢を示している。

イラクの政治システムはこれまで宗派間で権限を分け合う形で成立してきたが、若者を中心に不満が急速に高まっていた。イラクでは毎年数十万人が大学を卒業し、これまでは大半が公務員になっていたが、政府が雇用の受け皿を提供できなくなっていたからだ。就職難にあえぐ若者たちはイラクの将来を憂い、二〇二〇年から抜本的な政治改革を求めるデモを繰り返すようになっていた。

イラクでは二〇〇五年に米国主導の下で議会選挙が実施されるようになったが、二〇二一〜二二年の議会選後の政治空白期間は最長記録となっており、二〇〇三年に米国が有志国を率いて当時のフセイン政権を武力で打倒して以来、イラクは最悪の政治危機に直面している。

長引く政治の麻痺は国民生活に甚大な悪影響を及ぼしている。原油価格の高騰はイラク政府に予想外の臨時収入をもたらしたのだが、政府が十分に機能していないため、余剰資金を国民生活の向上に有効利用できないでいる。

気がかりなのはサドル師と親イラン勢力はいずれも民兵組織を抱えていることだ。大規模な武力衝突が勃発し、原油生産が大幅に減少するリスクが頭をもたげつつある。

中国の習近平国家主席は二〇二三年三月二八日、サウジアラビアのムハンマド皇太子と電話会談した。中国の仲介で同年三月一〇日に実現したサウジアラビアとイランの外交関係の正常化について、習氏は「国際社会から高く評価されている」と自賛し、引き続き両国関係の改善に関与する意欲を示した。

中国側の発表によれば、ムハンマド氏は「心から感謝している。中国は中東地域及び国際社会で極めて重要な役割を果たしている」と述べたという。

「習氏がムハンマド氏と二〇二二年一二月に会談した際に両国関係の正常化を提案した」との報道があるが、筆者は「ムハンマド氏の方から持ちかけた」と考えている。

米国との対立が激化する中、輸入原油の四割を依存する中東地域で存在感を高めることは中国にとって最重要課題の一つだが、それ以上に中東地域の安定化を望んでいるのはサウジアラビアだったからだ。イランとの対立がもたらす地域の不安定化が、「石油からの依存脱却」を掲げ、自国の経済大国化を急ぐムハンマド氏にとって大きな足かせとなっているのがその理由だ。

二〇二一年からイラクやオマーンなどの国々が仲介の労をとってきたが、ムハンマド氏が注目したのは中国のイランに対する影響力だろう。

中国は二〇二一年、イランとの間で二五年間の包括的な協力協定を締結した。厳しい制裁が科されているのにもかかわらず、二〇二二年一二月の中国のイラン産原油の輸入量は過去最大を記録した（二〇二三年三月一二日付《ロイター》）。

両国の間の関係改善は中東地域の安定化に資するのだろうか。

最も警戒すべきは今回の合意で不意打ちを食らったイスラエルの暴走だ。

イラン核施設への軍事攻撃を主張していたイスラエルのネタニエフ首相にとって今回の和解は痛恨の極みだった。「イラン包囲網の強化」と「サウジアラビアとの国交樹立」という自らの大戦略が一気に瓦解してしまった。

イランは二〇二二年一一月から六〇％の高濃縮ウランの生産を開始しており、イスラエルにとってその脅威は高まるばかりだ。

自身が進める司法改革に対する国民の不満が爆発し、窮地に追い込まれているネタニエフ氏が、対外的な強硬手段に活路を見いだす可能性は排除できなくなっている。だが、同氏と関係がぎくしゃくしているバイデン米政権がこれを制止することは難しいのではないだろうか。

サウジアラビアは米国との良好な関係を維持したいようだが、自国の都合（経済発展）のみを優先させる外交姿勢に対し、バイデン政権内で不満が高まっており、「サウジアラビアの実質的な支配者（ムハンマド氏）の首をすげ替えるべきだ」との物騒な声が出ている（二〇二三年三月一三日付《Zero Hedge》）。

イスラエルや米国が実力行使に打って出るような事態になれば、中東地域全体が大混乱に陥るのは必至だ。

地政学リスクが高い中東産原油の依存度を低下させる切り札はロシア産原油だ。中東産と違い、極東のナホトカ港から三日で日本に届く。ロシアとの関係が極端に悪化しない限り、シーレーンの確保も比較的容易だ。

西側諸国の中で日本だけはロシア産原油の輸入を制限する決定を行っていないが、これまでのところ日本への批判は高まっていない。引き続きこの路線を維持する必要がある。

「戦略物資」になってしまった天然ガス

日本は天然ガスのほぼ全量を輸入に依存している。二〇一九年度の天然ガス輸入量が七六五〇万トンであるのに対し、国内生産量は一七三万トンで自給率は二％強だ（資源エネルギー庁「エネルギー白書二〇二一」）。

気体である天然ガスは、液体である原油に比べて使い勝手が悪いことから、熱量単位で比較した価格が原油よりも大幅に割安だったことも好都合だった。だが、天然ガスは現在、原油をはるかに上回る価格で取引されている。

これまで安定的なエネルギー源とされてきた天然ガスだったが、ウクライナ危機のせいで「戦略物資」になりつつある。ウクライナを巡るロシアと欧米諸国の対立が激化する中で天然ガスの問題が大きくクローズアップされており、地政学リスクが色濃く反映される事態になっているからだ。

戦略物資はもともとは「戦争遂行に欠かせない軍需物質」という意味だった。だが一九七〇年代の二度にわたる石油危機を経験した日本では、戦略物資と言えば、経済全体の発展に不可欠な重要物資であり、地政学リスクが高い中東地域からの輸入に大きく依存している原油のことだと理解されている。

一九七〇年代の石油危機の教訓から、日本をはじめとする原油の大消費国は天然ガスへの燃料転換を図った。天然ガスは生産地域が遍在し、地政学リスクの影響を受けることなく安定供給が可能だと認識されていたからだ。

ロシア産天然ガスが欧州に供給されるようになったのは一九七〇年代、冷戦の最中だった。西シベリアから約五〇〇〇キロメートル離れた当時の西ドイツに天然ガスを供給する世界最長のパイプラインの名称は「ドルジバ（友好を意味するロシア語）」だった。その名称が示すとおり、天然ガスの供給者と需要者という互恵的な関係を通じて、当時のソ連と西欧の間に信頼醸成が生まれたと言われている。一例を挙げれば、一九七九年にソ連がアフガニスタンに侵攻し、一九八〇年のモスクワ五輪を西側諸国がボイコットするという緊迫した状況でも、西欧諸国はソ連産天然ガスの依存度を下げることはなく、ソ連も契約通りの天然ガスを供給し続けた。このような歴史的な経緯から「パイプラインの敷設は地域の安全保障に寄与し、冷戦終結を導く要因の一つとなった」との評価があるぐらいだ。

ロシアから網の目のように伸びるパイプラインは、冷戦終結後も欧州に天然ガスを大量かつ安定的に供給してきたが、足元の状況は様変わりした。

冷戦終結から三〇年以上が経ち、天然ガスの長期供給をベースに築かれていたロシアと欧州との信頼関係は消滅してしまったのではないかと思えてならない。

日本は「ガス危機」を起こしてはならない

この状況は日本にとっても「対岸の火事」ではない。東京電力福島第一原子力発電所事故の影響で、電源構成に占める原子力の比率がわずかなものになり、日本の電力供給に占める天然ガスへの依存が高まっているからだ。

ロシアのプーチン大統領は二〇二二年六月三〇日、極東の石油・天然ガス開発事業「サハリン2」の運営をロシア側が新たに設立する法人に移管し、現在の運営会社サハリン・エナジーの資産をこの法人に無償譲渡することを命じる大統領令に署名した。大統領令によれば、ロシア国営ガスプロムの権益は維持される一方、他の出資者はロシア政府に対して一カ月以内に改めて権益の承認を申請する必要がある。認められれば権益を保有し続けられるが、認められなかった場合、ロシア政府は四カ月以内にその企業の株式をロシア企業に売却する、売却代金はロシア国内の特別な口座に入金されるという内容だった。

サハリン2の運営会社（サハリンエナジー）の株主は、ガスプロム（五〇％強）、英エネルギー大手シェル（二七・五％弱）、三井物産（一二・五％）、三菱商事（一〇％）だった。

ロシア側の「寝耳に水」の決定のせいで、日本企業が今後運営から排除されるリスクが生じたとの警戒感が高まった。

サハリン2では日量一五万バレルの原油が生産されているが、日本にとって重要なのは液化天然ガス（LNG）の方だ。年間一〇〇〇万トンのLNGが生産され、日本は六〇〇万トンを輸入している（うち発電用燃料分は三〇〇万トン）。日本のLNG輸入の約一割を占めるサハリン2から供給が停止すれば、日本の電力の供給不安は一段と深刻になってしまう（二〇二二年七月二日付《日本経済新聞》）。

「欧州でロシア産天然ガスが停止する」との危機感が高まる中、今回の大統領令が出されたことで「次は日本の番か」との危惧が生じているのは無理もないが、「今回の決定はサハリン2で主要な役割を果たしてきたシェルの扱いを早期に確定するのが狙いだ」と筆者は当初から考えていた。

一九九〇年代から始まったサハリン2の開発を主導してきたのはシェルだ。ロシア側は二〇〇六年、シェルが有するLNG事業のオペレーター（事業の実施責任者）に関するノウハウを習得する目的で、ガスプロムをナンバー1の株主にしてサハリン2に参画させた経緯がある。サハリン2の「生みの親」と言えるシェルだが、ロシアのウクライナ侵攻を受けて二〇二二年二月二八日、サハリン2を含むガスプロムとの合弁事業からすべて撤退することを決定した。ロシア政府は二〇二三年四月一二日、シェルの保有していた株式をロシアの天然ガス大手ノバテクが九四八億ルーブル（約一五四六億円）で取得することを承認した。

ロシア政府の決定は、メインプレーヤーであるシェルが抜けた後のサハリン2の運営体制を早期に確立するためだと考えれば合点がいく。

日本政府は欧米諸国とは異なり、サハリン2をはじめロシアのエネルギー事業から撤退する方針を示していない。ロシア側もサハリン2で生産されたLNGの主要な購入先である日本の企業を排除する意向はないが、特別扱いできないことから、シェルと同様の手続きを要求したのだろう。

撤退を決定したシェルにとって、サハリン2は同社の世界戦略の一つのコマに過ぎないが、日本にとってサハリン2は特別な存在だ。日本が輸入しているLNG代金の三分の一を輸送費が占めるが、日本から目の鼻の先にあるサハリン2のLNGの輸送費は他の地域から輸入されるLNGに比べ格段に安い。LNG価格が高騰を続けており、日本にとってサハリン2のLNGの価値は高まるばかりだ。

ロシアが求める手続きに唯々《いい》諾々《だくだく》と従うことは釈然としないが、「ロシア産天然ガス依存からの脱却」を決定した欧州でもガス購入企業の大半はロシア側が求める新たな支払い方法に従っている。西側諸国とロシアの間で深刻な亀裂が生じてしまった現在、これまでとは異なる手続きを求められるのはやむを得ないと考えるしかない。

ロシアのやり方はいつも乱暴だが、これに振り回されることなく、日本のエネルギー安全保障を見据えた冷静かつ適切な対応が求められている。

電気料金の抑制に不可欠な原子力発電の再稼働、政府は何をすべきか

電気料金の値上がりが止まらない。日本の発電量の約八割を担う火力発電の燃料代が高騰していることが災いしている。

日本は化石燃料を安定的に確保するとともに、エネルギーの自給率を高めていかなければならない。日本にとって頼りになる準国産エネルギーは原子力だ。上昇を続ける電気料金を引き下げる特効薬でもある。

国民の間に原子力に対する不安が根強く残っているのはたしかだ。だが、化石燃料の高騰により電気料金のさらなる値上げが必至の情勢であり、「原子力発電抜きでは日本全体が貧困化してしまう」との危機感が生じており、電気料金抑制の「切り札」として化石燃料を使用しない原子力発電への期待が高まっている。このような状況を踏まえ、岸田首相は「二〇二三年夏以降に最大で一七基の原子力発電所を再稼働させる」との方針を明らかにした。

国内には三三基の原子力発電所が存在する。電力会社が原子力規制委員会（規制委員会）に再稼働を申請したのは二七基で、一七基が規制委員会の安全審査を通過した。このうち一〇基は地元の同意を得ていったんは再稼働したが、二〇二三年五月現在、運転している原子力発電所は九基にとどまっている。

二〇二三年夏以降に原子力発電所を一七基体制にするためには、規制委員会の審査に合格したのに稼働に至っていない七基の原子力発電所の動向が鍵を握っている。

具体的には、東京電力の柏崎刈羽《かりわ》原子力発電所六～七号機、日本原子力発電の東海第二原子力発電所、東北電力の女川《おながわ》原子力発電所二号機、関西電力の高浜原子力発電所一～二号機、中国電力の島根原子力発電所二号機だ。

七基のうち五基は、地元の同意を得て二〇二四年夏以降に再稼働する見込みとなりつつあるが、その目処がまったく立っていないのが、東京電力の柏崎刈羽原子力発電所と日本原子力発電の東海第二原子力発電所だ。

岸田首相は「政府が前面に立って地元の理解を得るための対応を行う」と強調しているが、政府は何度もこの決まり文句を繰り返しており、「掛け声倒れに過ぎない」との冷ややかな声が聞こえてくる。「電力会社が再稼働に必要な地元の同意を得るのを支援する」というが、政府はこれまでも側面支援をしており、新たにどのような対策を講じるのかが見えないからだ。

総論を唱えるだけでは現状を打開できないことにかんがみ、筆者は「再稼働の障害となっている個別の問題について政府が積極的に関与すべきだ」と考えている。

東京電力の柏崎刈羽原子力発電所六～七号機について規制委員会は二〇二二年八月中旬、設置するテロ対策施設についての基本設計に関する安全審査の合格を正式決定した。同発電所は二〇一七年一二月に規制委員会の審査をパスしており、今回の決定で再稼働に向けてのハード面での整備は進んでいるが、ソフト面でのテロ対策の不備が足かせとなり、再稼働の時期が見通せない状態が続いている。

同発電所では、所員が他人のＩＤカードで中央制御室に不正に入ったり、複数の侵入者検知装置が長期間故障したままで放置されていたことなどテロ対策の不備が相次いで発覚した。この事態を深刻に受け止めた規制委員会は二〇二一年、核燃料の移動禁止命令（事実上の運転禁止命令）を発出し、再発防止に向けた検査を実施しているにもかかわらず、二〇二二年七月下旬に新たなテロ対策の不備が発覚してしまった。東京電力本社の社員が発電所内にある核物質防護（テロ対策）に関する情報を無断で持ち出していたのだ。

なぜこのような不始末が相次ぐのか不思議でならないが、東京電力に任せていたらいつまで経ってもテロ対策は万全にならないだろう。

素人の暴論かもしれないが、テロ対策を担う警察庁など、政府が積極的に介入することでしか東京電力が抱える深刻なヒューマンエラーを阻止できないのではないだろうか。

次に日本原子力発電の東海第二原子力発電所だが、再稼働の障害となっているのは自治体が策定する避難計画が存在しないことだ。二〇二二年三月時点で同原子力発電所の三〇キロメートル圏内の人口は全国最多（約九四万人）なため、住民の避難方法がなかなか決まらず、一四市町村のうち九市町村が避難計画を策定できていなかった。

政府が今後、原子力発電所の避難対策の策定に積極的に関与するべきだが、「もっと根本的な問題にも切り込む必要がある」と筆者は考えている。

東京電力福島第一原子力発電所の事故が起きてから一〇年以上経っても、廃炉作業は遅々として進んでいない。廃炉作業の遅れを伝える報道に触れるたびに、国民の多くは政府が進めてきた政策が重大な災害時にはまったく機能しなかったことを痛感しているだろう。国民の原子力に対する不信感が払拭されていない理由として、重大な事故時における責任の所在のあいまいさが関係していると思う。

被災した福島の人々に対し、支援の手を差し伸べている主体はあくまで東京電力だ。原子力損害賠償法は「重大な事故が発生した場合、政府がその被害を賠償する」との原則が決められているが、事故当時、各論が定められていなかったために政府は自らの責任を回避した。このことが国民の原子力に対する不信感を高めた要因となってしまった。

政府に求められる最も必要な対策は、今一度、原子力損害賠償法の原則に立ち返り、「重大な事故が発生した場合、政府がすべての責任を負う」という姿勢を明確にすることで、国民の原子力に対する不信感を少しでも減らす努力をすべきだ。

政府は原子力発電の増設に舵を切ったが、実施主体である電力会社は「笛吹けど踊らず」だ。電力市場の自由化などで経営状態が悪化し、先立つものがないからだ。

二〇〇一年に誕生した小泉政権以来、「官から民へ」の流れが当然視されてきたが、エネルギー安全保障に直結する原子力に対して、政府は積極的に投資すべき状況になりつつあるのだ。その際、空港のように国が所有するものの、実際の運営は民間企業に任せるスタイルにすべきだ。

いずれにせよ、「国策民営」で進めてきた原子力政策の根本を見直すべき時期に来ていると言えるのではないだろうか。

経済安全保障を追い風にせよ

江戸時代の日本は「鎖国」により輸入代替化を進め、内需主導型の経済を構築したが、現在の日本も世界情勢の変化に合わせた経済活動の見直しが不可欠だ。

現在の日本にとっても最も大きな課題は経済安全保障だ。

経済安全保障とは経済的手段によって安全保障の実現を目指すという考え方だ。

二〇二二年五月一一日に経済安全保障推進法が成立したが、日本で経済安全保障の優先度が急速に高まったのは、米国や中国がそれぞれの経済安全保障政策を掲げて覇権競争に突入したことが大きく関係している。

米国は知的財産の海外流出を防ぐ「重要・新興技術国家戦略」を二〇二〇年一〇月に策定し、国内への半導体の工場・設備を導入することを支援するために同年一二月、「二〇二一会計年度国防授権法」が制定された（一件当たり最大三〇〇〇億円規模の補助金を支給）。

中国も二〇一五年に策定された「中国製造二〇二五」で半導体の内製化を進める計画を示し（半導体関連技術に五兆円超の大規模投資を実施）、二〇二〇年に国の安全と利益を守るための「輸出管理法」を制定した。

ＥＵも二〇三〇年に向けたデジタル戦略を発表している。

日本政府も負けじとばかりに「経済安全保障を追い風に日本全域に半導体の生産基盤をつくりたい」と意気軒昂だ。

経済安全保障の観点から世界的なサプライチェーン（供給網）の見直しが進み、国内生産の重要性が高まっており、その中核を成す半導体に関する投資が、新たな企業城下町を形成するという興味深い流れを生み出している。

最先端半導体の国内生産を目指すラピダスは二〇二三年二月二八日、北海道千歳市で同社として初の工場を建設すると発表した。スーパーコンピューターなどに使われる「二ナノ・メートル（ナノは一〇億分の一）」レベルの半導体の試作ラインを二〇二五年にも立ち上げる予定だ。

ラピダスは二〇二二年八月、トヨタ自動車やＮＴＴなど国内主要企業八社が出資して設立された。政府も七〇〇億円助成しており、官民挙げて日の丸半導体の復活を目指している。同社の研究開発から量産までに必要な投資額は五兆円規模となる大型事業だ。

複数の自治体が誘致に動く中で北海道を選んだ決め手は、生産に欠かせない水資源の確保に加え、空港や高速道路が整備されているなどのアクセスの良さ、再生可能エネルギーなどが豊富な点だった。

鈴木直道・北海道知事は「（一次産業の依存が高い）北海道にとって最大の企業誘致であり、これまでにない規模の経済効果が生まれる」と期待に胸を膨らませている。

半導体が地域経済の起爆剤となっている先行例は熊本県だ。

半導体受託生産の世界最大手である台湾積体電路製造（ＴＳＭＣ）は二〇二一年、一兆円規模の工場を熊本県の菊陽町に建設することを決定した。

熊本県に半導体関連企業が集積していたことが功を奏した形だ。

ＴＳＭＣの投資による地域への経済波及効果はとてつもなく大きい。今後一〇年で四兆三〇〇〇億円に上るとの試算がある。

全国的に見ても半導体が地域経済の牽引役になりつつある。二〇二一年度の全国の実質ＧＤＰが二〇一九年度に比べて九八％の水準にとどまったのに対し、半導体関連産業が集積する三重、山梨、熊本など八県でＧＤＰが二〇一九年度の水準を上回った（二〇二三年二月一七日付《日本経済新聞》）。

半導体に脚光が当たっているが、経済安全保障の点から重要な物資は幅広い。

政府は二〇二二年一二月、経済安全保障推進法に基づき安定供給を目指す「特定重要物資」を指定した。

経済産業省の所管では半導体の他、蓄電池や永久磁石、航空機用素材、天然ガスなど八分野に及んだ。国土交通省の所管では海上輸送を支える船舶関連の機器が選定された。厚生労働省所管の抗菌薬や農林水産省の肥料原料も選ばれたが、「特定重要物資」の範囲は今後拡大されることが想定されている。

国際的な関心が高まるばかりの経済安全保障だが、日本の経済界の評判は芳しくないままだ。「経済情勢以外の面倒なことを考えずに経営に徹すればよい」という従来のやり方に慣れた経営者が頭を切り換えることは大変だろうが、経済安全保障は、日本経済、特に地域経済にとってプラスの効果をもたらし始めていると言っても過言ではない。

冷戦終了後のグローバル化により、日本の産業基盤の海外移転が大幅に進んだが、経済安全保障の要請から巻き戻しが始まっている。

日本企業はこれまで安全保障に対してリスク回避を優先しがちだったが、「経済の効率と安保のコストのバランスを採る」戦略を構築せざるを得なくなっている。激変する国際情勢の下で新たなチャンスを追い求めるしたたかさを忘れてはならないのだ。

半導体ほどのインパクトはないかもしれないが、他の特定重要物質の生産の国内回帰が進めば、地域経済にとって「福音」となる可能性は高い。その際、重要なのは投資の受け皿となる地方自治体の努力と政府のバックアップだ。

岸田政権は、経済安保をテコにした新しい資本主義を策定すべきだ。

言い古された言い回しだが、ピンチはチャンスだ。経済安全保障という制約を奇貨として、官民が協力して新たな成長戦略を構築すべき時代が到来している。

鳥インフル由来のパンデミックに備えよ

最後にグローバル化は「感染症のパンデミック」に極めて脆弱であることを指摘しておきたい。幕末の日本でも海外から侵入したコレラなどの大流行に苦しめられた。

「国際社会は次のパンデミックに危険なほど無防備だ」

国際赤十字・赤新月社連盟（ＩＦＲＣ）は二〇二三年一月三〇日に公表した「二〇二二年世界災害報告」の中でこのような警告を行った。ＩＦＲＣの事務局長を務めるジェイガン・チャパガイン氏は「次のパンデミックはすぐそこに来ているかもしれない」と述べ、各国に対し、年内に準備態勢を強化するよう求めている。

新型コロナのパンデミックで世界で七〇〇万人近い命が失われたが、世界保健機関（ＷＨＯ）は「一年前に比べ世界的に感染状況が落ち着いてきた」として二〇二三年一月末から「緊急事態宣言の終了」に関する議論を開始し、五月五日「緊急事態宣言の終了」を発表した。「新型コロナの猛威からようやく解放される」との安心感が広がっているのはたしかだが、世界では数年に一回の割合で新たな感染症が出現しているのが現状だ。「次のパンデミックは何か」との関心が高まりつつある中、筆者が懸念しているのは鳥インフルエンザの世界的な大流行だ。

鳥インフルエンザのヒトへの感染は心配する必要はないと言われているが、WHOのテドロス事務局長は二〇二三年二月一〇日、「鳥インフルエンザがヒトからヒトに感染するのは稀だが、変異してヒトからヒトに感染する事態となることも想定しておかなければならない」と警戒感を強めている。

インフルエンザウイルスは、HA（ヘマグルチニン、一八種類）とNA（ノイラミダーゼ、一一種類）という二つの抗原によって分類されている。

世界で感染が拡大している鳥インフルエンザはH5N1型だ。

二〇二三年二月、日本では三年ぶりにインフルエンザが流行し、全国各地で学級閉鎖などが急増したが、人に感染するインフルエンザはH1N1型とH3N2型だ。

ウイルスが感染するためには宿主の受容体《レセプター》と適合する必要がある。

H5N1型インフルエンザは鳥のレセプターと適合できるが、ヒトのレセプターとは適合しづらいとされている。ただちにパンデミックが起きる心配はないが、鳥からヒトへの感染例は少なからず発生している。

H5N1型インフルエンザのヒトへの感染が最初に報告されたのは一九九七年五月、香港だった。その後、欧州や北米、アフリカなどにも波及し、世界全体の感染者の累計は八六八人に上り、そのうち四五七人が亡くなっている（二〇二二年一二月一日、厚生労働省発表）。

政府は新型コロナのパンデミックに対処するため「新型インフルエンザ等対策特別措置法」（二〇一二年成立）に基づく措置を講じているが、H5N1型インフルエンザがパンデミックを引き起こした場合への備えがこの法律が制定された理由の一つだった。

新型コロナの登場で注目されることがほとんどなくなったが、つい最近まで「次のパンデミックは鳥インフルエンザ由来だ」と警戒されていたのだ。

H5N1型は全身に症状があらわれ、致死性が高いのが特徴だ。病原性が高いままヒトに感染するタイプになると仮定して、二〇〇五年に策定した「新型インフルエンザ対策行動計画」では、H5N1型インフルエンザによる死者数は最大六四万人だ（二〇二三年一月時点の日本の新型コロナによる死者数の約一〇倍）。

研究者の間で「H5N1型インフルエンザのパンデミックが発生するのは時間の問題だ」との危機感が募るばかりだったが、二〇一〇年代半ば頃からH5N1型の流行は急速に衰え、その影はまったく見えなくなった。

自然界から姿を消したかに思われたH5N1型が復活し、以前をはるかに凌ぐ規模で大流行しているのが現在の状況だ。その理由は定かではないが、人為的な要因が関係しているのではないかと筆者は疑っている。

新型コロナの起源はいまだに明らかになっていないが、「機能獲得実験によって誕生した『人工』のウイルスが研究所から漏出した」との説が有力になっている。

H5N1型インフルエンザウイルスについても二〇一二年に機能獲得実験が行われていたことが明らかになっており、どこかの研究所で保管されていた人工のウイルスが外部に流出し、大流行につながった可能性は排除できない。

新型コロナが収束しつつあるからといって、けっして「喉元過ぎれば熱さを忘れる」となってはならないのだ。

立て続けに感染症のパンデミックが発生する事態になれば、世界各国は防疫面から国境の壁を高くすることを余儀なくされるのではないだろうか。

ロシアとどのように向き合っていけばよいのか

筆者は「エネルギー大国であり日本の隣国でもあるロシアと良好な関係を維持することが生き残りの鍵を握る」と考えているが、正直に言って、ロシアと良好な関係を維持するのは難しいと言わざるを得ない。

近世日本が最初に出合った外国はロシアだった。明治に入ってからの征韓論や日清戦争の影には常に「ロシアとの対立に備えなければならない」という危機意識が存在していた。

日本は日露戦争の勝利後の一九〇七年にロシアとの間で協約を締結し、一時、良好な関係となったが、ロシア革命が起こると再び対立の時代に入った。大正末期に国交が再び正常化した（一九三五年、日ソ基本条約締結）が、潜在的な敵国としての認識は変わらなかった。ソ連が一九四一年に結んだ中立条約を破って降伏直前の一九四五年八月九日に日本に参戦したことが日本の反ロ感情の根底をなしている。冷戦が終わると緊張関係は少し緩和されたが、北方領土問題をはじめ難しい問題が残されたままだ。

ロシアは世界最大の大国だ（面積は日本の四五倍）。ロシアの指導者たちは数世紀にわたってこの広大な領土の隅々に目を配り続けてきた。

「現在のロシアに攻め入る国などあるはずがない」と思われがちだが、当のロシアはそのように考えていない。西側からは一六〇五年にポーランド軍が、一七〇八年にカール一二世が率いるスウェーデン軍が、一八一二年にナポレオン一世が指揮するフランス軍が、一九一四年と一九四一年にドイツ軍が二度にわたって攻め込んだ。東側からも一九一八年に日本軍がシベリアに襲いかかってきた。

このような歴史的経緯から、ロシアには「積極的防衛主義」という思想が生まれた（亀山陽司『地政学と歴史で読み解くロシアの行動原理』ＰＨＰ新書、二〇二三年）。

「防衛」の名の下に「積極的」な行動を取ることを正当化するというものだが、「動機は防衛だが、行動する際には積極的になるべき」だというやり方は、外部からは矛盾した行動に映りやすく、ロシアに対する警戒心を抱かせる要因となっている。

現在のロシアには旧ソ連が誇っていた「共産主義の総本山」というソフトパワーはなく、経済力も韓国と同程度に過ぎない。世界最大規模の戦略核戦力を保有するなど軍事力が依然として強力であることが唯一の誇りだ。

このような現状からロシアでは「力の有無が主権の有無に直結する」との理解が支配的と

なっており、自国の安全保障を他国に委ねない国を「主権国家」と位置づけている。

ロシア流に解釈すれば、国際社会には主権国家はそれほど多く存在しない。

プーチン大統領はかつて「ドイツは主権国家ではない」と述べたことがある。ドイツは安全保障を北大西洋条約機構（NATO）に依存していることから、NATOの盟主である米国によって主権が制限されているというのがその理由だ。この理屈から言えば、ロシアは日本のことも主権国家とはみなしていない。癪《しやく》ではあるが、このことはロシアが現在の日本を脅威とみなしていないことを意味する。

ロシアと地続きの国々とは異なり、日本は海を挟んでいるので侵略される危険は少ない。ロシアとは適切な距離を置き、脅かされず、脅かさない関係を構築できる環境にある。

ロシアとの良好な関係を構築しようとした先達がいる（拙著『国益から見たロシア入門――知られざる親日大国はアジアをめざす』PHP新書、二〇一七年）。

東日本大震災以降、しばしば話題に上るようになった後藤新平だ。後藤は関東大震災後に大胆かつ画期的な東京復興計画を提案した人物だったからだが、彼はロシアに対しても並々ならぬ関心を抱いた、当時の日本では希有の政治家でもあった。

内務大臣や外務大臣などを歴任した後藤は、七二年の生涯で三回にわたってロシアを訪問している。当時の日本の政治家としては異例の回数だ。

後藤がロシアとの関係を重要視するようになったのは一九〇六年に南満州鉄道株式会社（満

鉄）総裁に就任してからだ。満鉄総裁にとってロシアは間近な隣国だ。満鉄にとって大事なのは、満州（中国東北部）地域の政治的安定が保障されることであり、そのためにはロシアとの信頼醸成が不可欠だった。

ロシアとの関係強化に尽力してきた後藤は一九一八年に外相に就任するとシベリア出兵を決断した。後藤はシベリア出兵の強硬論者ではなかったが、「革命の嵐がシベリアにまで及べば、満鉄の権益維持が失われる危険がある」ことを危惧したと言われている。

後藤はその後、シベリア出兵で関係が冷え込んだソ連との国交回復に取り組んだ。

後藤は一九二三年の関東大震災直後に内務大臣（帝都復興院総裁を兼任）に着任したが、復興の目途が立つと辞任し、日ソ国交回復交渉に専念することになった。「日ソ関係の改善こそが己の取り組むべき最重要課題である」と考えるようになった後藤は、日露協会（後の日ソ協会）を創設、自ら初代会頭を務めていた。

後藤に対して「親ソ派」のレッテルが貼られることがあるが、それ以上に後藤は愛国者だった。反英米の立場から「日ソ提携論」を提唱したのではなく、あくまでも英米との提携を日本外交の基軸とした上で、その足らざるところをソ連との提携で補おうとしたのだ。

後藤の思想の特徴として経済的な価値観の影響が指摘されている。

イデオロギーは勝ち負けにこだわるあまり権力闘争を導きがちだが、「利益」は闘いをもたらさない。商売では売り手と買い手が互いに必要とし合い、相手方を生かすことによって自分も生き続けられる。ここから後藤の「共存共栄主義」の発想が生まれてくる。

後藤は「英米一辺倒は必ずしも望ましくなく、ロシアなどその他の列強との関係も良好に保って、英米の横暴を牽制し抑制すべし」と考えており、勢力均衡を第一義とするリアリストだった。社会主義というイデオロギーにとらわれずにソ連を見る、地政学的な発想こそ後藤の真骨頂だった。

だが、一九二九年に後藤が他界すると、日ソ関係は急速に悪化してしまった。

二一世紀に入り、故安倍元首相が日米同盟を基軸とした上でロシアとの関係強化に尽力したが、この取り組みもまた道半ばで終わってしまった。

「ロシアとの関係改善」という長年の課題解決は次代を担う若き政治家に期待するしかないのだが、見失ってはならないのは「長期的に見て日本の国益はどこにあるか」だ。

あとがき

プーチン大統領は二〇二二年一〇月二八日、国内外のロシア専門家を集めて毎年開かれるバルダイ会議で演説し、「世界は第二次世界大戦以来、最も危険で予測不可能な一〇年になる」と述べた。

プーチン氏は「西側諸国の世界支配（グローバル化）が早晩終わる」と想定しているようだが、グローバル化の結末は大戦争で終わるリスクがある。

グローバル化はたしかに世界を豊かにするが、その過程で「勝ち組」と「負け組」が生まれる。各国間の連携が深まることから、「負け組」連合が「勝ち組」連合に対して激しい異議申し立てをするというのがその理由だ。

第一次世界大戦がまさにそうだった。一九世紀を通じてグローバル化が進んだ欧州地域で突如、世界規模の戦争が起きたが、戦後処理が適切ではなかったために、アジア太平洋地域にまで戦線が拡大した形で第二次世界大戦が起きてしまった。

これを現在の状況にあてはめてみると、四〇年余にわたる冷戦が終わった時に適切な戦後処理がなされないまま、米国の一極支配が始まったが、現在、その問題が露呈し、世界は再び分断の状況に戻りつつある。今後、大国間の戦争が起きるかもしれないし、政情不安から米国や中国などで内戦が起きてしまうのかもしれない。

いずれにせよ、今後日本は激動の時代に直面する可能性が高い。

前述のプーチン氏の演説で筆者が着目したのは「予測不可能」というキーワードだ。

そもそも未来を予測することは容易ではないが、かつては大局的には望ましい方向に向かうと考えられてきた（進歩史観）時代があった。だが、進歩史観という用語は死語になって既に久しい。

未来を予測することが極めて困難になったのは、世界の市場や国家といったシステムが「複雑系」の性質を帯びるようになったからだと筆者は考えている。

複雑系の概念は一九九〇年代に人口に膾炙《かいしゃ》するようになったが、システムが内部の相互連関性を高めると「複雑系」の性質を有すると言われている。グローバル化の進展により、世界システムは複雑系の性質を有するようになったわけだが、その特徴は「システムの片隅で偶発的に起きた小さな出来事でもシステム全体に大きな変化を生じさせる可能性がある」というものだ（バタフライ効果）。

ウクライナ戦争はけっして「小さな出来事」ではない。世界システムに大きな変化が生じるのは不可避なのだ。

バタフライ効果を内包するシステムは、「制御不可能性」というべき厄介な性質を有することも知られている。システムがあたかも意志を持った「生き物」のように動くため、人為的に制御することが極めて難しい。

複雑系となったシステムに対する有効な処方箋は存在しないが、システム内の動きを遅くすることで制御不可能性という弊害を減らすことはできるだろう。

世界一の高齢化率を誇る日本では技術革新の速度は低下し、物事が変化しづらくなっていると批判されることが多い。「内向き」化する傾向が強い日本を誇る気分にはなれないが、変調をきたした世界と距離をとりながら暮らしていくことが比較的容易だと思う。

日本は制御不能性に対処できるモデルを世界に提示することができるのかもしれない。

ケインズがかつて「最も困難なのは古い考えを捨て去ることだ」と述べた。

グローバル化を否定する構想は激しい反発を招くことを覚悟の上で、筆者は鎖国の先例を参考にして「戦略的自律」が国家の基本戦略だと確信するようになった。

筆者は二〇〇三年から七年半にわたって内閣官房内閣情報調査室で勤務し、初代のグローバルシステム担当の内閣情報分析官を務めた。その後も経済面からのインテリジェンス情報の収集・分析に当たってきたが、本書で述べてきたことは、筆者がこれまで続けてきた営みの現時点での到達点だ。「下手の横好き」と言われるかもしれないが、最後までお付き合いいただいた読者の方々に感謝したい。

＊本書は《JBpress》および《デイリー新潮》、《ゲンダイビジネス》、《Business Journal》に不定期連載（二〇二二年二月〜二〇二三年五月）した記事をもとに大幅に加筆したものである。

＊本書内の統計数字および為替レートは、それぞれ引用した記事・記録が記載された時点のものである。

編集協力　大畑峰幸
装幀／本文レイアウト　松田行正＋杉本聖士
本文組版　有限会社一企画

藤 和彦（ふじ・かずひこ）
経済産業研究所コンサルティングフェロー。1960年、愛知県名古屋市生まれ。早稲田大学法学部卒。1984年に通商産業省（現・経済産業省）入省後、エネルギー・通商政策などに携わる。2003年から内閣官房に出向、2011年まで内閣情報分析官としてエコノミック・インテリジェンス活動に従事。その後も原油や天然ガス情勢が国際社会に与える影響、中国・米国・ロシアなど世界経済のリスク評価を研究している。2021年から現職。ウクライナ戦争後はグローバル・システムの変容の可能性をいち早く指摘している。著書に『原油暴落で変わる世界』『徹底図解　メガ地震がやってくる！』（共著）ほか多数。

ウクライナ危機後《ききご》の地政学《ちせいがく》

2023年8月30日　第1刷発行

著　者　藤《ふじ》 和彦《かずひこ》

発行者　樋口尚也

発行所　株式会社集英社
〒101-8050　東京都千代田区一ツ橋2-5-10
電話　編集部　03-3230-6137
読者係　03-3230-6080
販売部　03-3230-6393（書店専用）

印刷所　凸版印刷株式会社

製本所　加藤製本株式会社

ISBN978-4-08-781743-0　C0033